T. 92
89.

DES POSTES.

IMPRIMERIE DE MELLINET-MALASSIS,
A NANTES.

DES POSTES

EN GÉNÉRAL,

ET

PARTICULIÈREMENT EN FRANCE,

PAR CHARLES BERNEDE.

PARIS,

A LA LIBRAIRIE DE RAYNAL,

RUE PAVÉE SAINT-ANDRÉ-DES-ARCS, N.º 13.

1826.

AVANT-PROPOS.

Les postes, créées dans l'intérêt général, n'ont point cessé, depuis leur fondation, de faire partie des institutions sur lesquelles la société est établie. Toujours dirigées vers un but unique, invariables dans leur marche, constantes dans leurs résultats, l'expérience n'a fait qu'ajouter aux avantages qu'elles promettaient aux peuples chez lesquels elles se sont successivement introduites. C'est par elles encore, comme à leur origine, que les princes veillent au maintien de leur puissance, les individus à la conservation de leurs droits, et les nations à l'accroissement de leur prospérité. Tout ce qui se passe sur les points les plus opposés du globe ne peut échapper à la connaissance des monarques, aux vastes conceptions de l'homme d'état, et aux combinaisons multipliées du négociant: la pensée franchit en peu de tems des espaces immenses; et, rapportée avec la même vîtesse des extrémités de la terre, elle vient instruire les rois au sein de leurs cours, éclairer les ministres dans le silence du cabinet, enflammer le génie dans la paix de la retraite, et seconder les entreprises hardies que dirige, de son comptoir, l'actif et habile spéculateur.

Il n'est plus un seul lieu où l'on ne puisse former et entretenir des relations. A peine voyons-nous paraître une société, ou s'élever une colonie, que des correspondances aussitôt entamées, se répandent avec une

étonnante rapidité. L'intérêt qui d'abord lie les individus, fait naître ensuite des sentimens d'amitié, de
famille, d'affections et de convenances, dont l'absence
semble accroître la force et présager la durée.

L'amour de la patrie, si touchant chez tous les êtres,
nous rend le bienfait des postes encore plus précieux.
Nous résoudrions-nous à quitter le sol natal et les objets si chers que nous y laissons, sans l'espoir si con-
solant d'adoucir, par un commerce réciproque de pensées, cet exil commandé par la nécessité.

*Je sçais, a dit Montaigne, que l'amitié a les bras
assez longs pour se tenir et se joindre d'un coing de
monde à l'aultre.* C'est aussi par le charme que nous
inspire ce sentiment, que nous nous livrons à l'illusion
qui nous rapproche de ceux dont nous sommes séparés
par des distances incommensurables.

Mais, si l'action des postes, momentanément suspendue par l'effet de ces crises politiques qui agitent les
nations, a suffi pour jeter parfois l'épouvante, de quelle
stupeur les peuples ne seraient-ils pas frappés si cet
état se prolongeait, si, enfin, les relations arrêtées tout-
à-coup, cessaient pour ne plus exister ?

Le renversement d'une institution qui facilite si admi-
rablement les moyens de correspondre comme par enchantement, ne tarderait pas long-tems à faire disparaître toutes les traces de prospérité dont elle est une
des sources les plus fécondes, et à rompre l'harmonie
qu'elle établit entre les états et qu'elle entretient entre
les individus. Le corps social, menacé d'une entière dis-
solution, rentrerait bientôt dans les ténèbres de la bar-
barie commune à l'origine du plus grand nombre des
nations.

Heureusement que cette marche rétrograde de l'esprit humain est désormais impossible par l'état actuel de la civilisation, et les moyens continuels que les postes fournissent de la reproduire et de la répandre. Les empires, fatigués des grandes secousses qu'ils ont éprouvées, sentent de plus en plus le besoin de consolider les institutions bienfaisantes qui assurent leur stabilité, et les hommes, celui de se communiquer leurs pensées pour s'éclairer et chercher à se rendre réciproquement plus heureux.

Ces considérations générales, qui nous démontrent et l'utilité des postes dans l'intérêt privé, et leur importance dans l'ordre moral et politique, nécessitaient néanmoins quelques développemens pour prouver l'influence directe que cette institution exerce sur nos besoins, nos mœurs et nos affections. C'est ce que nous nous sommes proposé dans l'aperçu rapide des faits qui s'y rattachent.

Découvrir l'origine des postes dans l'antiquité ; indiquer l'époque de leur introduction chez les modernes, et particulièrement en France ; exposer les diverses modifications qu'elles ont subies chez tous les peuples ; enfin, chercher à en rendre la pratique plus utile par la connaissance des règles générales auxquelles elles sont assujetties : tel est le plan que nous nous sommes tracé. Si nous ne l'avons pas embrassé avec un égal succès dans toutes ses parties, nous pensons qu'on nous saura du moins quelque gré d'en avoir tenté l'exécution, après nous être livré à de longues recherches pour donner à notre travail l'ordre, la clarté et l'intérêt dont il est susceptible.

En conséquence, la division en quatre parties, que

nous établissons, nous a paru la plus naturelle, et en même tems la plus favorable pour soulager la mémoire dans une succession de faits dont la multiplicité n'est peut-être pas rachetée par tous les charmes de la variété.

La première partie traite de l'origine des postes ; la deuxième des postes en France ; la troisième, des postes chez tous les peuples ; la quatrième, enfin, de la pratique des postes.

Nous nous sommes abstenu de citer minutieusement les sources auxquelles nous avons été obligé de recourir en composant cet essai ; mais, en le dégageant de tout appareil scientifique, nous avons pensé, néanmoins, que nous devions indiquer les principales autorités sur lesquelles nous nous appuyons, afin que l'authenticité des faits que nous rapportons ne pût être rangée au nombre de ces assertions vagues et dénuées de vérité qu'enfante malheureusement trop souvent l'esprit de système.

DES POSTES

EN GÉNÉRAL,

ET PARTICULIÈREMENT EN FRANCE.

PREMIÈRE PARTIE.

ORIGINE DES POSTES.

Il faut remonter à l'antiquité la plus reculée pour découvrir l'origine des postes. Que de recherches inutiles, d'expériences insuffisantes, de tentatives infructueuses ont dû être employées avant que d'en rendre l'usage général ? Il serait difficile d'indiquer, parmi ces premiers essais, celui auquel il faudrait accorder la priorité. De vaines conjectures ne peuvent ici tenir lieu de la vérité. Cependant, au milieu de tant d'incertitudes, nous remarquerons les moyens dont on s'est servi primitivement pour transmettre la pensée par le langage des signes, et quels sont ceux qui l'ont fait triompher des distances.

Les premières familles, en se dispersant, formèrent autant de sociétés indépendantes les unes des autres. Occupées du soin de leur propre conservation, elles se suffirent pendant long-tems, parce que leurs goûts simples rendaient leurs besoins extrêmement bornés. Partout où les mœurs patriarcales régnèrent dans toute leur plénitude, les hommes ne pensèrent pas à établir de communications avec les peuplades étrangères. Ce n'est donc point chez ces nations pacifiques que nous de-

vons espérer de trouver les premières traces des postes,
ou, pour mieux dire, des moyens qui y suppléèrent
jusqu'à leur organisation régulière. Nous pensons que
ceux, sans doute très-imparfaits, qui l'ont précédée,
n'ont pu être imaginés que par les tribus dont le caractère belliqueux des sujets servait les projets d'usur-
pation des chefs.

On conçoit qu'il n'était pas besoin pour cela que la
civilisation eût fait de grands progrès ; car, dès qu'on
eût commencé à envahir, il fallut chercher à connaître tout ce qui pouvait assurer ou compromettre la
puissance du vainqueur.

L'ambition rendit soupçonneux ; et, de la défiance,
compagne inséparable de la tyrannie, naquit cette im-
patiente curiosité de tout savoir, soit pour prévenir
des revers, former de nouveaux projets de conquêtes,
comprimer des soulèvemens, déjouer des conspirations ;
soit, enfin, pour consolider une domination à peine
établie.

Les obstacles disparurent devant la volonté d'un
maître. Bientôt la pensée se communiqua rapidement et
fut transmise au loin par des interprètes fidèles. Un état
continuel de contrainte dut exercer l'imagination active
des peuples de l'Orient, chez lesquels les postes ont pris
naissance. De là, ces ruses ingénieuses par lesquelles ils
cherchaient à s'entendre sans être compris de ceux dont
ils voulaient mettre la surveillance en défaut. Tout prenait pour eux un langage à volonté ; et, changeant sans
cesse de signes, ils préparaient de loin, par d'heureuses tentatives, ces résultats dont on devait apprécier plus tard les avantages.

Sous le ciel si pur de l'Asie, les couleurs et les
fleurs (1), variées à l'infini, ont été sans doute les
premiers interprètes de la pensée. Attachant à chacune
une idée, un sentiment, on formait, par la réunion de

---

(1) Les femmes de l'Orient trouvent dans leurs jardins de quoi exprimer toutes leurs passions avec des roses, des soucis, des tulipes au cœur
brûlé.... En effet, les fleurs sont une des analogies avec les caractères ;
les unes étant gaies, d'autres mélancoliques ; il y en a même qui en
ont avec les traits du visage : les bluets avec les yeux ; les roses
avec la bouche ; la rose de Gueldres avec le sein ; le digitale avec
les doigts, etc.... [*Harmonies de la Nature.*]

ces divers emblêmes, une correspondance oculaire où l'ame trouvait un langage énergique comme les passions, et multiplié comme elles. *La langue épistolaire des Salams* (1), dit Rousseau, *transmettait, sans crainte des jaloux, les secrets de la galanterie orientale à travers les harems* (2) *les mieux gardés.*

Mais ces moyens, appliqués avec succès à certaines localités, ne pouvaient triompher des distances.

Parmi les signaux (3) primitifs employés à la transmission au loin d'avis importans, les feux et la fumée tenaient le premier rang. Les lieux élevés, où la vue, embrassant un horizon immense, ne trouvait point d'obstacles, étaient très-favorables à cette manière de correspondre. Des branches de bois résineux enflammées que des hommes, commis à ce soin et placés à des distances convenables, agitaient diversement dans l'air ; des feux, dont ils augmentaient ou diminuaient la clarté, et dont ils variaient la disposition ; des flambeaux et des fanaux entretenus sur des tours (3) très-

---

[1] Une multitude de choses les plus communes, comme une orange, du charbon, un ruban dont l'envoi forme un sens connu de tous les amans où cette langue est en usage.

[2] Les muets du grand seigneur s'entendent entr'eux, et entendent ce qu'on leur dit par signes, tout aussi bien qu'on pourrait l'exprimer par les discours. Chardin dit qu'aux Indes les facteurs se prenant la main, et modifiant leurs attouchemens d'une manière que personne ne peut apercevoir, traitent ainsi publiquement, mais en secret, toutes leurs affaires, sans avoir proféré un seul mot.

[3] Dans l'antiquité, Hérodote, Homère, Eschyle, Pausanias, Jules Africain, Enée le Tacticien, etc. ; et, dans les tems modernes, Porta, Kircher, Robert, Hooke, Schot, Guyot, Amontons, Linguet, Chappe, etc., ont fait mention de moyens que nos télégraphes ont remplacés. L'usage des feux paraît commun même aux nations les plus sauvages. César dit que les Gaulois étaient très-experts dans l'art de les disposer. Les Grecs modernes l'ont renouvelé en établissant encore de nos jours, sur des lieux élevés, de ces sortes de signaux, pour s'avertir, en cas de besoin, des dispositions de leurs ennemis. D'autres moyens étaient également employés dans le but de correspondre. Du tems de nos discordes civiles, les moulins dont les ailes se plaçaient dans certaines directions, servaient à entretenir des relations très-actives. On profitait, dans d'autres circonstances, des avantages qu'offraient les localités pour parvenir à ce but. On conçoit jusqu'à quel point on pouvait multiplier ces ressources.

[3] On trouve par escrit, dit Bergier, que la tour du phare, que

élevées, dont la lueur vacillante était modifiée avec
un art qu'on a si bien perfectionné de nos jours ; la
fumée qui, s'élevant tantôt comme une vapeur légère,
se changeait tout-à-coup en un nuage épais, pour se
dissiper et reparaître sous un autre aspect; tant d'autres moyens, diversifiés à l'infini, ne pouvaient avoir
qu'une signification extrêmement bornée. La nécessité
de multiplier les relations entraînait celle de multiplier les pensées, ou, pour mieux dire, les signes qui
en sont l'expression.

La correspondance par le langage articulé remplaça
cette poste oculaire. Mais une première expérience ne
devait pas être sans fruit : on avait établi des lieux
fixes pour les feux, et l'on construisit également des
édifices très-élevés et disposés convenablement pour
que la voix (1) d'individus forts et vigoureux, placés
sur ces points apparens, pût se communiquer facilement de l'un à l'autre, en transmettant ainsi réciproquement, et avec une promptitude dont on ne peut
se faire d'idée, les avis qu'ils recevaient.

On ne tarda pas à sentir les inconvéniens d'une
correspondance orale, dont le moindre était de faire
connaître les projets que les gouvernemens ont toujours soin de couvrir du mystère le plus impénétrable. Il fallait trouver les moyens de rendre l'agent
lui-même étranger à la correspondance, afin de pouvoir s'entendre, à des distances illimitées, aussi secrète-
ment qu'un ami peut le faire en parlant à l'oreille
d'un ami.

C'est alors que s'introduisit l'usage d'envoyer des

Ptolémée fit construire sur la mer d'Egypte, coûta 800 talens.
Le Père F. Dangrand, *dans son voyage en Syrie, rapporte que
Sainte-Hélène avoit fait bâtir, sur le bord de la mer, des tours, que
l'on voit encore, depuis Constantinople jusqu'à Jérusalem, par le
moyen desquelles, avec un nombre et différentes dispositions de flambeaux ardens, elle faisoit savoir ou recevoit des nouvelles, en moins
de vingt-quatre heures, de ce qui se passoit dans l'une ou l'autre
de ces deux villes. Ces tours sont presque encore toutes entières : on les
voit sur le bord de la mer.*

[1] *Les anciens Gaulois*, dit Mezeray, *envoyoient leurs comman-
demens par des cris, qui estant receus en un lieu, se portoient en
l'autre, avec telle disposition et diligence, que ce qui fut sceu à
Genève à soleil levant, fut sceu en Auvergne à soleil couchant.*

messagers pris parmi les personnages les plus importans de l'état : ils étaient chargés par les princes de
porter les ordres aux gouverneurs des provinces, et
de rendre compte, à leur retour, des opérations dont
ils surveillaient en même tems l'exécution. L'histoire
fournit de nombreux exemples à l'appui de cette assertion. Homère dit que Bellérophon porta des lettres
de Prœtus à Jobatès. L'Ecriture Sainte nous apprend
que David en envoya à Joab; que Jézabel en fit parvenir à Acham ; et que Rapsacès vint près d'Ezéchias,
de la part de Sennachérib, remplir un semblable
message.

Ce mode, convenable dans des tems ordinaires,
devenait insuffisant et même impraticable, lorsque des
circonstances impérieuses contrariaient l'ordre établi
dans l'état. Les correspondances devaient être, en ce
cas, non-seulement plus multipliées, mais recevoir
encore un nouveau degré d'accélération. Les monarques,
qui d'ailleurs ne pouvaient se priver des conseils de
leurs favoris, sentirent la nécessité de les remplacer,
dans ces fonctions, par des officiers, sous le nom de
coureurs, dignes aussi de toute leur confiance. L'expérience qui avait fait rejeter l'usage de communiquer
par la voix, conduisit à envoyer des messagers exercés
aux plus rudes fatigues : ils fournirent d'abord la course
entière ; et bientôt, établis de station en station, ils
portaient à la plus voisine et en rapportaient les ordres,
et par suite les missives, avec une rapidité telle, qu'elles
parvenaient ainsi du point de départ au point de destination comme par enchantement.

Le nombre des coureurs fut très-étendu sous Salo-
mon : ils habitaient son palais ; et le lieu qui leur
était destiné sous ses successeurs, s'appelait salle des
coureurs.

Les dispositions de plusieurs courriers, placés à des
distances égales et à des points fixes, indique assez
une amélioration due à l'expérience. En effet, s'il avait
paru plus simple d'abord qu'un message fût rempli par
le même individu, on remarqua que, quelque diligence qu'on y eût apportée, ce moyen entraînait non-
seulement trop de tems, mais nécessitait encore l'expédition d'autant de courriers que les circonstances
exigeaient qu'on renouvelât les ordres.

2

La promptitude avec laquelle on correspondait de cette manière n'était rien encore comparée à la vitesse du vol des oiseaux (1), qu'on devait employer dans le même but.

Un peuple observateur avait dû remarquer les habitudes de certains volatiles à revenir aux lieux qui les ont vus naître, et où ils laissent leurs petits; celles des hirondelles et des pigeons, qui fourmillent dans l'orient, ne purent lui échapper. Parmi ces derniers on distingua le pigeon (2) connu depuis sous le nom de pigeon-messager. Il était plus fréquemment employé que l'hirondelle (3), dont les anciens peignaient le plumage, en donnant à chaque couleur une signification particulière. L'oiseau, lâché d'un lieu élevé, ne mettait à profit sa liberté que pour rem-

---

(1) Les plus gros, selon Buffon, parcourent plus de 700 toises par minute, et peuvent se transporter à 20 lieues dans une heure. On sait l'histoire du Faucon de Henri II, qui s'étant emporté après une canepetière à Fontainebleau, fut pris le lendemain à Malte, et reconnu à l'anneau qu'il portait.

Adanson a vu et tenu à la côte du Sénégal des hirondelles arrivées en moins de neuf jours d'Europe.

(2) Selon Villughby, Columba-Tabellaria, il ressemble beaucoup au pigeon turc, tant par son plumage que par ses yeux entourés d'une peau nue, et les narines couvertes d'une membrane épaisse. On s'est servi de ces pigeons pour porter les nouvelles au loin, ce qui leur a fait donner le nom de messager.

Ces pigeons, dit Valmont de Bomare, font leurs nids dans de vieilles tours; ils sont très-timides, et volent avec une rapidité extraordinaire; Ils s'attachent aux lieux qui les ont vus naître. Il est difficile de les dépayser en les laissant libres; ils aiment à retourner dans les contrées où ils ont été nourris, élevés et bien traités.

Pietro della Valle rapporte qu'en Perse, le pigeon-messager fait, en un jour, plus de chemin qu'un homme de pied n'en peut faire en six.

[3] Cœcina Volaterranus, chevalier romain et intendant des chariots du Cirque, avait coutume de porter à Rome des hirondelles prises dans les maisons de ses amis où elles faisaient des nids, et quand les chevaux des personnes qui l'intéressaient avaient remporté le prix de la course, il peignait les hirondelles de la couleur du parti victorieux, et les laissait aller, sachant que chacune retournerait à son nid, et que, par ce moyen, ses amis seraient instruits de leur victoire.

Fabius Pictor raconte, dans ses annales, que lorsque les Liguriens assiégeaient un fort où était une garnison romaine, on lui apporta une hirondelle prise à ses petits, afin que, lui attachant un fil à la patte, et faisant à ce fil un certain nombre de nœuds, il pût donner à connaître, par ce moyen, aux assiégés, quel jour il leur enverrait des secours, pour que ce jour même ils pussent faire une sortie sur l'ennemi.

plir son message, en regagnant avec une vitesse incroyable l'endroit où, retrouvant ses petits, il était reçu
par les personnes intéressées à veiller l'époque de son
retour, qui s'effectuait toujours avec une grande régularité.

Les pigeons (1) servaient au même usage. On les ex-
pédiait par bandes, en leur attachant, au cou ou sous
les ailes, la missive qu'ils devaient rendre à sa destination, ou un fil dont les nœuds et les contextures
avaient une signification convenue entre ceux qui correspondaient ainsi.

---

(1) *Au théâtre, à Rome, les maistres de famille avoient,* dit Montaigne,
*des pigeons dans leur sein, auxquels ils attachoient des lettres quand ils
vouloient mander quelque chose à leurs gents au logis; ils estoient dressés
à en rapporter les responses. D. Brutus en usa assiégé à Modène, et aultres,
ailleurs.*

Ces faits, renouvelés de nos jours, ont cessé de paraître merveilleux.
Le prince d'Orange employa ces messagers volans, en 1774 et 1775,
aux siéges d'Harlem et de Leyde; et, pour reconnaître les services de
ces oiseaux, le prince voulut qu'ils fussent nourris aux dépens de
l'état, dans une volière faite exprès, et que, lorsqu'ils seraient morts,
on les embaumât pour être gardés à l'hôtel de ville.

En 1803, on établit à Liége une poste aux pigeons: 22 de ces oiseaux
revinrent de Paris dans cette ville, ayant fait 72 lieues en 4 heures,
ce qui donne 18 lieues par heure. D'autres furent expédiés de Francfort à Liége avec le même succès. Un troisième essai fut fait en même
tems à Coblentz, pour renvoyer à Liége un grand nombre de ces messagers; deux d'entre eux y arrivèrent en deux heures et demie: ce
trajet est de 30 lieues.

En juillet, 1824, on lança sur le pont neuf, à Paris, 32 pigeons envoyés de Maestricht. L'heure du départ avait été marquée sur une
plume de leur aile. La même année un convoi de 100 pigeons avait été
expédié de Liége à Lyon: 40 furent lâchés, de cette dernière ville, à
6 heures du matin. L'un d'eux était de retour à Liége, le même jour,
à 11 heures aussi du matin: ainsi, en 5 heures de tems, il avait fait un
trajet de 125 lieues. Le retour de ce pigeon devait faire gagner un pari
de cent mille francs à son maître.

Une semblable expérience a eu lieu avec le même succès, en 1825,
de Liége à Valenciennes, où le maire de cette dernière ville, après
avoir contre-marqué les pigeons, leur fit donner la volée: ils étaient
au nombre de 115.

Ce sont ordinairement des sociétés qui font élever des pigeons à cet
exercice en leur plaçant des marques distinctives à l'aile, afin d'éviter
toute méprise. On les transporte ordinairement, à dos d'homme, dans des
hottes. C'est toujours par un acte de notoriété publique, que l'on constate leur départ des villes. Ces exemples, qu'il serait facile de multiplier, ne laissent pas de doute et sur l'instinct des pigeons et sur la
rapidité de leur vol.

Lorsqu'anciennement on évaluait le terme moyen de la vitesse de leur vol à dix lieues par heure, c'est qu'on avait égard aux lieux qui opposaient plus ou moins d'obstacles. Un pays découvert et coupé par des rivières ne laissait aucune incertitude à l'oiseau pour le retour, tandis que des forêts, un sol inégal, multipliant les remarques qu'il était obligé de faire, l'embarrassaient lorsqu'il fallait parcourir la même route. Nous croyons expliquer par là les raisons du retard qu'éprouvent les pigeons expédiés par bandes. Il est rare qu'ils arrivent tous en même tems à leur destination, leur instinct ne les servant pas tous également. Quoi qu'il en soit, ce moyen ne peut rien offrir de régulier, tant à cause des fatigues auxquelles l'oiseau succombe quelquefois, que des dangers auxquels l'exposent, et la flèche du chasseur et les serres des animaux de proie.

Cet usage, qui s'est conservé en Asie (1), n'a pu ni s'y répandre, ni même s'y maintenir d'une manière utile à la correspondance régulière.

Tels sont sans doute les principaux essais qu'on a dû tenter pour s'entendre malgré les distances, se parler sans le secours de la voix, et transmettre la pensée sous des formes si diversifiées.

Tous les signes conventionnels, qu'on peut considérer comme autant de langues particulières, ont précédé, avec succès, pour correspondre, l'invention de l'écriture. La découverte de cet art a donné naissance aux lettres, aux épîtres, aux missives, aux dépêches enfin, qui, selon Cicéron, servaient à marquer à la personne à laquelle on les adressait, les choses qu'elle ignorait. D'après cette définition, on doit regarder comme lettres, les tablettes

---

[1] Prokoke dit que les pigeons d'Alep servent de courriers pour Alexandrette et Bagdad : ce fait, qui n'est point une fable, cesse d'avoir lieu moins fréquemment, depuis que les voleurs kurdis se sont avisés de tuer les pigeons. On prend pour cette espèce de poste des couples qui ont des petits, et on les porte à cheval au lieu d'où l'on veut qu'ils reviennent, avec l'attention de leur laisser la vue libre. Lorsque les nouvelles arrivent, le correspondant attache un billet à la patte des pigeons, et il les lâche. L'oiseau, impatient de revoir ses petits, part comme l'éclair, et arrive en 10 heures d'Alexandrette et en deux jours de Bagdad : le retour est d'autant plus facile qu'il peut découvrir Alep à une très-grande distance.

ou ais enduites de cire, sur lesquelles on écrivait, avec des stylets de fer, de cuivre ou d'os, dont l'un des bouts était pointu pour graver les caractères et l'autre plat pour les effacer. Ces tablettes, rassemblées et attachées ensemble pour former un livre (1), avaient beaucoup de ressemblance à un tronc d'arbre scié en plusieurs planches. Les lettres que les particuliers s'écrivaient étaient sur ces tablettes, qu'on enveloppait de lin, et qu'on cachetait ensuite d'une espèce de craie ou cire d'asie. On les remplaça par les feuilles de palmier, et, plus tard, par l'écorce la plus mince de certains arbres (tels que le frêne, le tilleul, le peuplier blanc et l'orme) appelée *liber*, en latin, d'où vient le mot livre. On se servait, pour écrire dessus, de roseaux imbibés d'encre (2),

---

[1] Quand les anciens avaient des sujets un peu étendus à traiter, ils se servaient plus commodément de feuilles ou de peaux cousues les unes au bout des autres, qu'on nommait rouleaux; coutume que les Juifs, les Grecs, les Romains, les Perses, et même les Indiens ont suivie, et qui a continué quelques siècles après Jésus-Christ. Ces livres en rouleaux étaient fixés sur un bâton qu'on nommait umbilicus, lequel servait de centre à la colonne ou cylindre. Le côté extérieur des feuilles s'appelait frons, les extrémités du bâton se nommaient cornes, et étaient ordinairement décorées de petits morceaux d'ivoire, d'argent, d'or et même de pierres précieuses. Dans l'origine, on se servait de différentes matières pour faire les livres. Les caractères furent d'abord tracés sur de la pierre, témoins les tables de la loi donnée par Moyse, qui sont le plus ancien livre que l'on connaisse.

La forme actuelle des livres a été inventée par Attale, roi de Pergame. On employait des préparations aromatiques pour les préserver de toute destruction.

Avant l'invention de l'imprimerie, les livres étaient d'un prix sans bornes. Cette découverte a eu lieu vers l'an 1440, à Mayence. On la doit à Jean Guttemberg, qui s'associa Faust et Schoëffer. Le premier livre imprimé est la cité de Dieu, de Saint-Augustin.

En 1471, Louis XI, désirant avoir dans sa bibliothèque une copie du livre du médecin Rasi, emprunta l'original de la faculté de médecine de Paris, et donna pour sûreté de ce manuscrit 12 marcs d'argent, 20 livres sterlings, l'obligation d'un bourgeois pour la somme de cent écus d'or.

On prétend que vingt mille personnes en France, vivaient de la vente des livres qu'elles copiaient.

Jean Faust, qui s'établit à Paris en 1470, dédia, à Louis XI, le premier livre qu'il y imprima.

(2) La première encre dont on s'est servi fut tiré d'un poisson nommé zibius; le suc des mûres sauvages la remplaça; ensuite, la suie; puis, le cinabre, le vert de gris et enfin les compositions actuelles.

comme on le pratique encore en Orient. Diverses compositions, entre autres la peau préparée et le papyrus,
précédèrent l'invention du papier en usage aujourd'hui (1).

Si les tribus d'Israël communiquaient entr'elles par
le moyen des messagers, comme nous l'apprend l'Ecriture; si d'autres nations de l'Asie entretenaient des
relations en suivant le même usage, nous serions tenté
de croire que l'origine des postes, telles que nous les
concevons, remonte très-haut. Des traces de cet utile
établissement semblent se découvrir plus positivement
sous le règne d'Assuérus (2), roi des Mèdes, qui fit
expédier des courriers pour porter l'édit (3) de proscrip-
tion des Juifs aux gouverneurs et aux magistrats des cent
vingt-sept provinces qui s'étendaient depuis l'Inde jusqu'à l'Ethiopie. Deux mois après l'expédition des premiers courriers, de nouveaux reçurent l'ordre de faire
une extrême diligence pour prévenir, par de nouvelles
dispositions dont ils étaient chargés, l'effet des mesures
qu'Aman avait prises précédemment. Les courriers eurent
de plus commission expresse, de la part du roi, d'aller
trouver les Juifs dans toutes les villes et de leur ordon-
ner de se rassembler. Les lettres dont ils étaient porteurs, envoyées au nom d'Assuérus, étaient scellées de
son sceau.

Le même moyen fut employé par Esther et Mardo-
chée, pour inviter les juifs, répandus sur ce vaste état,
à célébrer le jour solennel de leur délivrance.

Ainsi, nous voyons des courriers expédiés, à diverses
reprises, sur tous les points d'un grand empire, sans
pouvoir connaître s'il existait un service régulier de
poste, et quel pouvait être son mode d'organisation.
L'incertitude qui nous reste, malgré ces exemples, ne
peut encore nous en faire attribuer l'établissement à

---

(1) Vers le commencement du VIII.e siècle on se servit du papier fait
de coton, et ce ne fut que 600 ans après qu'on employa les chiffons
pour sa fabrication.

(2) Nom que les Hébreux donnaient à Artaxercès, grand-oncle
de Cyrus.

(3) Il fut traduit dans toutes les langues que parlaient les peuples
répandus dans tout l'empire. Lysimaque le traduisit à Jérusalem, et
Doristhée en Egypte.

Assuérus. Le témoignage d'Hérodote, de Xénophon et de tous les historiens, ne permet plus de douter que Cyrus n'en soit le véritable fondateur.

Ce fut, dit Bergier, *en l'expédition que Cyrus entreprit à l'encontre des Schytes, qu'il établit les postes de son royaume, environ 500 ans avant la naissance de J.-C.; afin que les messagers, comme ravis par l'air, pussent porter sa volonté aux gouverneurs de ses provinces, en cas d'affaires précipitées, et qui ne pussent souffrir de délais.*

Ce prince, dont les expéditions ont été si mémorables et si multipliées, reconnut bientôt que les moyens de correspondre, employés avant lui, devenaient insuffisans par la nécessité dans laquelle il se trouvait d'entretenir de fréquentes relations avec les satrapes ou gouverneurs de ses nombreuses provinces.

Des signaux, des ordres transmis par la voix, des courriers sans cesse en mouvement, établis de station en station, ne remplissant qu'imparfaitement ce but, avaient préparé néanmoins l'heureuse révolution qu'il devait opérer dans l'art de correspondre.

En perfectionnant les chars (1), auxquels les Phrygiens étaient parvenus à atteler deux chevaux, et Erectonius (2) quatre, Cyrus avait pu apprécier, de nouveau, l'agilité et la force de ces animaux ; mais ce, n'était que dans les courses dont les peuples anciens se montraient si admirateurs. Ce prince chercha bientôt à déterminer l'espace qu'ils pourraient parcourir, en galopant sans fatigue, pendant un certain laps de tems. Il expédia, à cet effet, des courriers de sa capitale aux confins de son empire, avec ordre de lui rendre au retour un compte exact de leur course. La comparaison de ces divers rapports paraît l'avoir conduit à une connaissance positive de la rapidité de la marche du cheval, qui fut jugée égale à celle du vol de l'oiseau ; et, *disent*

---

(1) Les Gaulois étaient également renommés pour la conduite des chars et l'art avec lequel ils dressaient les chevaux, qu'ils arrêtaient tout à coup dans les descentes les plus rudes et les pentes les plus difficiles.

(2) Il était fils de Vulcain, et se servait d'un char à cause de la difformité de ses jambes qu'il y tenait cachées.

aulcuns que cette vitesse d'aller vient à la mesure du vol des grues. (1)

Nous n'examinons pas s'il peut exister quelque parité entre ces deux vîtesses (2), et jusqu'à quel point on a porté la rigueur de ce calcul ; mais, pour que la durée de chaque course, lorsqu'elle était d'une certaine étendue, fût toujours, non-seulement égale, mais toujours parcourue avec la même promptitude, il fallait connaître, par des expériences répétées et par une longue suite d'observations, tout ce que la nature opposerait de difficultés ou offrirait d'avantages, afin de fixer les distances à parcourir par les chevaux, en raison du sol et de l'état des routes. C'est en quoi la sagacité de Cyrus est remarquable ; car il s'agissait moins ici de se rendre en diligence d'un point à un autre, lorsque quelques circonstances impérieuses l'exigeraient, que d'assurer en tout tems la régularité et la célérité du service par les soins et les ménagemens qu'on prendrait des chevaux,

_____

(1) Montaigne.

(2) On a vu des chevaux faire 60 lieues en 12 heures et d'une seule traite. En 1754, on dit que milord Poscool fit la gageure de se rendre de Fontainebleau à Paris en 2 heures : il y a 14 lieues de distance. Le roi ordonna à la maréchaussée de lever sur la route les obstacles qui pourraient opposer au courrier le moindre inconvénient. Milord Poscool ne se servit point de jockey ; il partit de Fontainebleau à 7 heures du matin, et arriva à Paris à 8 heures 48 minutes.

Le fameux Fitho-da-puta, cheval de course anglais, égale presqu'en vîtesse celle de Childers, le plus rapide des coursiers connus. Ce dernier parcourut une fois, en 7 minutes, l'espace de New-Market [4320 toises]. Il n'y a pas long-tems qu'en Russie deux chevaux anglais ont remporté le prix de la course sur deux chevaux cosaques. L'espace à parcourir sur la route de Moscou était de 70 werstes. L'étalon anglais arriva le 1.er au but, et ne mit, pour y parvenir, que 2 heures 8 minutes 4 secondes.

Les chevaux de course anglais embrassent, à chaque élan, une étendue de terrain de près de 20 pieds.

Les chevaux de course français franchissent communément 4000 mètres en 4 minutes 13 secondes. Ils parcourent la circonférence du Champ-de-Mars en 2 minutes 30 secondes, et deux fois le même espace en 5 minutes 32 secondes, deux cinquièmes. La double circonférence est à peu près d'une lieue de poste ; la circonférence intérieure de 1026 toises ; dans les proportions ci-dessus 41 pieds par seconde, ou par minute 2462 pieds 5 pouces. On remarque que les jumens ont toujours la supériorité dans les courses. Les jockeys qui montent les chevaux ont 300 francs par course. Il en coûte 500 francs pour faire dresser les chevaux qu'on y destine.

en évitant de les fatiguer par des marches trop pro-
longées.

On ne peut donc méconnaître, dans cette expérience
mémorable faite par Cyrus, l'idée primitive et fondamen-
tale des postes. Il a donc tout l'avantage de cette invention
qu'on fait remonter à son expédition contre les Scythes.

Ce prince ne s'arrêta pas à cet essai, et il perfectionna l'institution des postes, en faisant construire sur
les grands chemins, à des distances égales, des bâtimens sous la dénomination de stations, pour les courriers et les chevaux qui y étaient entretenus en nombre
suffisant, et soignés par des individus qui n'avaient que
cet unique emploi. *De la mer Grecque ou Égée*, dit
Bergier, *jusqu'à la ville de Suze, capitale du royaume
des Perses, il y avoit pour cent onze gistes ou man-
sions de distances; de l'une desquelles à l'autre, il y
avoit une journée de chemin.*

Ces édifices étaient tellement vastes, commodes et
magnifiques, que le prince ne logeait presque jamais
ailleurs lorsqu'il voyageait avec sa suite. Les courriers
transportaient de l'un à l'autre, le jour, la nuit et à
toute heure, les dépêches qui intéressaient le service
public. Leur exactitude et leur discrétion (1) étaient si
grandes, qu'on n'eût jamais à se repentir de la confiance que de pareilles missions commandent.

---

(1) Il faut dire aussi, que, de leur côté, les peuples anciens
conservaient un respect religieux pour la correspondance. L'histoire
rapporte que les Athéniens en donnèrent un exemple en laissant
parvenir les lettres que Philippe écrivait à Olympie. Après
une grande fermentation dans sa patrie et une guerre civile, Pompée
eut la générosité et la magnanimité de livrer au feu toutes les lettres
qui auraient pu entretenir le souvenir d'événemens si funestes. Quand
on voit les nations modernes les imiter si scrupuleusement, on ne
sait ce qui surprend le plus, ou de la discrétion des courriers, ou
de la confiance de ceux qui les rendent dépositaires de leurs secrets, en n'opposant à la curiosité que d'aussi faibles obstacles.
Cette réserve d'un côté, et cet abandon de l'autre, ne nous étonnent
plus. L'habitude a pu seule nous familiariser avec une semblable
merveille. Mais l'inviolabilité des lettres, à laquelle les postes doivent
leur prospérité, est la base inébranlable sur laquelle elles reposent.
Fondées sur le mystère, maintenues par le respect pour la pensée,
elles ne sont point au nombre de ces institutions éphémères, dont
la durée est si fragile : leur existence n'a de bornes que celles
de la société.

Il paraît, néanmoins, que, dès le commencement, on cachetait les lettres en les fermant avec différens nœuds. Cette coutume avait lieu du tems de la guerre de Troie. Isaïe dit aux Juifs que ses prophéties seront à leur égard comme des lettres cachetées. Ces exemples prouveraient, s'il en était besoin, que, dès qu'on écrivit des missives, on reconnut l'avantage de pouvoir en laisser ignorer le contenu aux agens intermédiaires, chargés de les transmettre par les moyens usités dans tous les tems.

On juge par les soins que Cyrus mit à consolider cette institution politique, de l'importance qu'il y attachait. Ses conquêtes, en étendant les bornes de sa puissance, exigeaient qu'il s'occupât de donner toute la perfection désirable à cet établissement naissant.

Parmi ses successeurs, Xerxès fut un de ceux qui profitèrent le plus de cette découverte. On dit, qu'après avoir été défait par Thémistocle, il se sauva au moyen des relais qu'il avait fait préparer au cas que la fortune lui devînt contraire.

Les révolutions que les empires de l'Asie éprouvèrent, firent disparaître les traces de cette utile institution. Nous ne les retrouvons que chez les Romains, auxquels rien de ce qui était grand ne pouvait échapper. Ils jugèrent que le seul moyen de faire revivre les postes, était de tracer des routes, de les paver et de les entretenir avec soin ; de construire des chaussées et d'élever des ponts. Imitateurs des Grecs, qui, les premiers, ouvrirent des grands chemins, et des Carthaginois (1), qui, les premiers, imaginèrent de les paver : ils les surpassèrent bientôt dans ces travaux importans.

La première route dont il soit fait mention, est la voie Appiènne, regardée comme le plus bel ouvrage en ce genre : deux chariots pouvaient y rouler de front. La voie Aurélienne fut la seconde. La voie Flaminiènne la troisième. Puis, l'on vit successivement les voies Domitiènne, Emiliènne, Trajane, etc.

---

(1) Isidore, dit Bergier, *nous apprend que les Carthaginois ont esté les premiers qui se sont advisez de munir, affermir, et consolider les chemins de pierres et cailloux alliez avec sable, et comme maçonnez sur la superficie de la terre, ce que nous appelons paver, et que c'est à leur imitation que les Romains se sont mis à paver les grands chemins quasi partout le monde.*

Soit (1) *que l'on porte les yeux à la magnificence
qui les continuoit* (les chemins), *du port qui les finis-
soit, aux bastiments des postes et des gistes qui les
accompagnoient, aux colonnes inscrites qui les mesu-
roient, à la façon qui les affermissoit contre les siècles,
et les rendoit durables contre les efforts du charroy de
quinze à seize cents ans; soit que l'on regarde l'utilité
publique en la conduite des armées et des armes, au
charroy des marchandises, à la facilité d'envoyer des
nouvelles en peu de tems de la ville de Rome jusques
aux confins de l'empire, et d'en recevoir avec même
commodité par le moyen des postes établies sur iceux;
à la police excellente qui régloit ces postes, à la dignité des auteurs des grands chemins, et des commissaires établis pour leur entretenement et réparation; aux
sommes d'argent sans nombre, et à la multitude des
hommes qui ont esté employez aux ouvrages d'iceux;
certes, on trouvera que l'esprit humain ne conçut et la
main n'acheva jamais une plus grande œuvre; de laquelle entreprise le seul empire romain estoit capable;
et à laquelle il a fait paraître l'extrémité de sa puissance.*

On s'accorde généralement (2) à dire que c'est sous
Auguste que les Romains ont connu les postes. L'exemple
qu'on cite, du tems de la république, du consul Grac-
chus qui, étant en Grèce, pour se rendre d'Amphise
à Pella, parcourut près de 40 lieues en un jour, n'est
qu'un fait isolé qui ne peut prouver l'établissement de ce
service dans une contrée où, au rapport de Socrate
l'historien, on ne s'occupa pendant long-tems que des
courses en char, seulement pour les jeux publics.

Il est des époques tellement remarquables dans l'histoire, qu'il ne peut rester d'incertitude, lorsqu'il est
question de leur attribuer quelques institutions qui
tendent encore à les illustrer. Les postes étaient dignes
d'être comptées au nombre de celles qu'on doit au grand
siècle d'Auguste.

Les principales villes de l'empire communiquaient

---

(1) Bergier, auteur cité.
(2) Suétone.

déjà avec la capitale par des chemins pavés. Les routes commençaient à s'étendre dans les provinces conquises. Auguste perfectionna ces entreprises. Il fit aussi percer des grands chemins dans les Alpes, et en ordonna une infinité d'autres en Espagne. Ce fut à Lyon qu'il fit travailler à la distribution des grands chemins dans les Gaules. *Là où* (1) *il parle de son passage de la rivière de Rhône, vers l'Allemaigne, il veit qu'il estoit indigne de l'honneur du peuple romain, qu'il passast son armée à navire, il fit dresser un pont, afin qu'il passast à pied ferme. Ce fut là qu'il bastit ce pont admirable de quoi il déchiffre particulièrement la fabrique; car il ne s'arrête si volontiers en nul endroict de ces faicts, qu'à nous représenter la subtilité de ses inventions en telles sortes d'ouvrages.*

Il divisa aussi les routes en espaces uniformes appelés milles, et indiqués sur des colonnes de pierres (2) qui portaient le nom de milliaires. On commençait à compter de celle connue sous la dénomination de milliaire dorée, qu'Auguste fit élever au milieu du marché de Rome, près le temple de Saturne. *Sa figure est ronde, et si grossière,* dit Bergier, *qu'elle ne touche en pas un ordre d'architecture. Elle est assise sur un piédestal corinthien; et porte une boule au-dessus de son chapiteau, comme pour représenter le rond de la terre, sur laquelle les Romains ont estendu leur seigneurie et leur puissance.*

Auguste ne négligea donc aucun moyen d'accroître la prospérité des postes, soit comme nous l'avons remarqué, par les grands chemins qu'il fit faire, les bâtimens qu'il y éleva sous la dénomination de stations ou positions, origine sans doute du nom qu'elles portent; soit par les mesures qu'il ordonna d'employer pour qu'aucune prérogative n'exemptât de fournir des che-

---

(1) Montaigne.
(2) Il y avait aussi d'autres pierres plantées de distance en distance pour suppléer aux étriers, lesquelles aidaient le cavalier à monter à cheval. Jusqu'au règne de Théodose, on ne se servit ni d'étriers ni de selle. Cette dernière était remplacée par une simple housse. Il fut également défendu en tout tems de se servir de bâton pour exciter les chevaux; le fouet, employé à cet usage, a toujours été maintenu. On ne s'est servi d'éperons que très-tard.

vaux pour ce service, appelé course publique; soit enfin par les dépenses considérables dans lesquelles il s'engagea, et qui furent à la charge des peuples.

Il nous (1) *faut parler des moyens que les empereurs avaient d'envoyer de Rome leurs lettres si promptement jusques aux confins de leur empire, et d'avoir la réponse avec pareille promptitude et célérité. Cela se faisoit par la voie des postes assises sur les routes militaires, si bien réglées et policées, qu'il n'estoit déjà besoin au prince souverain de courir avec peine et travail par les parties de son empire, pour scavoir ce qui s'y passoit ; veu que, sans partir de la ville de Rome, il pouvoit gouverner la terre par ses lettres missives, édits, ordonnances et mandements, lesquels n'estoient plus tost écrits, qu'ils estoient par la voie des postes, portées aussi promptement, que si quelques oiseaux en eussent esté les messagers.*

Des courriers et ensuite des voitures furent disposées sur toutes les grandes routes et à peu de distance l'une de l'autre, afin que l'on eût des nouvelles plus promptes de ce qui se passait dans les provinces ; et les courriers (2) auxquels on confiait les missives étaient appelés *viatores* ou *veredarii* sous les empereurs d'Occident, et, sous les empereurs d'Orient, *cursores*, mot d'où ils tirent leurs noms. Ils ne marchaient jamais sans être munis d'un diplôme ou lettre d'évection. Elle différait de la missive en ce que celle-ci était scellée et pliée de plusieurs façons, et que l'autre n'avait qu'un simple pli uniforme (3). Le sceau (4) qu'Auguste appli-

---

[1] Bergier, auteur cité.
[2] Le cheval de poste Veredus.
[3] *Depuis la première institution des postes romaines jusqu'au siècle de Constantin, les lettres de poste se donnoient en papier ou parchemin ; et on les appeloit diplomata. Et quoique Servius escrive que sous ce nom sont comprises toutes les écritures envoyées à quelqu'un : c'est ce qu'il appartient proprement à celles qui ne sont pliées qu'en double. Quelques-uns assurent que ces lettres estoient semblables aux patentes de nos rois, qui n'ont qu'un simple ply, que nous appellons reply, et non plusieurs plys*, comme les missives que l'on appelle lettres closes ou de cachet. [BERGIER.]
(4) Sceau doit être pris ici dans une signification différente de cachet qui, pour nous, dérive de cacher. Ce cachet que nous appliquons sur nos lettres sert à empêcher que le contenu n'en soit

quait sur ses lettres et sur ses actes, fut d'abord un sphinx, ensuite la tête d'Alexandre, et, enfin, son propre portrait, gravé par Dioscoïde. Ce dernier fut celui en usage sous ses successeurs. Il marquait toujours sur ses lettres l'heure à laquelle il les écrivait, soit le jour, soit la nuit. (1)

La surveillance des postes romaines était confiée aux premiers personnages de l'empire. Aucune personne, quel que fût son rang, ne pouvait voyager sans être muni d'une permission de se servir des chevaux de la course publique. *Conformément à cette loi*, dit Bergier, *nous lisons dans l'histoire de Capitolinus que Publius Helvius Pertinax, qui fut empereur romain sur ses vieux jours, estant pourvu en son âge florissoit de la charge de sergent de bandes, qu'ils appelloient Præfectum Cohortiis, sous l'empire de Titus, fut condamné par le président de Syrie d'aller*

---

connu de tout autre individu que celui auquel on l'adresse. Le sceau, chez les anciens, dont l'écriture cursive n'était pas aussi variée que la nôtre, devenait la marque authentique à laquelle on reconnaissait celui qui nous communiquait sa pensée, et non la main qui la traçait ; car le nom n'y était pas apposé à la fin, comme nous le pratiquons.

L'usage introduit autrefois d'écrire au nom d'une personne absente ne peut étonner, puisqu'il ne s'agissait que d'être muni de son sceau. On en trouve mille exemples, soit dans Cicéron et d'autres auteurs, soit même dans les pères de l'église qui, employant la main de leurs amis ou de leurs secrétaires, ne manquaient jamais, quand ils voulaient ajouter quelque chose eux-mêmes à leurs lettres, de dire : Ceci est de ma main.

Le signe ou sceau était seul reconnu, puisque la loi romaine refusait d'accepter un écrit autographe comme pièce de comparaison, si le témoignage de personnes présentes à la rédaction n'en attestait l'authenticité.

Au reste, cette empreinte ou sceau était d'une telle importance, que le fabricateur d'un cachet faux ne pouvait échapper à la punition prononcée par la loi Cornélia.

Ainsi, lorsque anciennement on disait : J'ai signé cette lettre, on exprimait par là qu'on y avait apposé son sceau. La même expression aujourd'hui signifie littéralement qu'on y a mis son nom, ce qui lui donne le caractère d'authenticité. Elle est distinguée par là d'une autre espèce de lettres appelées anonymes qui, quoique cachetées, ne portent pas de signatures.

Chardin dit qu'en Orient on appose seulement son sceau et celui des témoins sur les contrats.

[1] Suétone.

à pied à Antioche jusqu'à certain lieu où il estoit en-
voyé en qualité de légat, en punition de ce qu'il s'estoit
servi des chevaux publics, sans avoir de lettres de poste.

Les postes établies sur tous les points où s'étendait
la puissance romaine, malgré les revenus qu'elles rendaient aux empereurs, étaient loin de les dédommager
des frais énormes qu'elles occasionnaient. Tant de sacrifices et de précautions, par suite de mesures extraordinaires, ne les mirent pas à l'abri d'une destruction totale. Il n'est pas inutile de remarquer que
toute innovation ou tentative brusque a toujours nui
à la prospérité des postes, et qu'on ne doit procéder
qu'avec prudence dans tous les changemens que les
circonstances permettent d'y introduire. Nous aurons
occasion plus d'une fois de nous en convaincre.

Lorsque Constantin fit assembler un concile à Rimini,
il exigea tant de célérité des prélats qu'il y appelait
des points les plus éloignés, qu'ayant ordonné à cet
effet de leur procurer tous les moyens de voyager
avec diligence, la plus grande partie des chevaux suc-
comba aux fatigues de ce service.

Le soin que l'on mettait à cette époque à l'entretien
des routes, explique la promptitude avec laquelle on
franchissait les plus grandes distances dans les chars
légers que nos voitures ont remplacés.

Auguste se rendait avec une grande rapidité, par
le moyen des postes, dans les lieux les plus éloignés
où il ne pouvait être attendu, afin de connaître par
lui-même tout ce qui s'y passait. On rapporte qu'il
faisait alors plus de cent milles par jour (1).

La première fois (2) *qu'il sortit de Rome avecques*
charges publiques, il arriva en huit jours à la ri-
vière de Rhône, ayant dans son coche, devant lui,
un secrétaire ou deux qui écrivoient sans cesse, et
derrière luy, celuy qui portait son épée.

Rufus, envoyé vers Pompée, marcha nuit et jour
avec la même vitesse, en changeant de chevaux à chaque
poste. Constantin-le-Grand, retenu prisonnier à Nico-
médie, se sauva en Angleterre par le moyen de relais,

---

(1) A peu près 25 lieues.
(2) Montaigne.

et s'y fit proclamer empereur. Pour mieux assurer sa fuite, il faisait couper les jarrets aux chevaux qu'il laissait après lui, afin que ceux qui le poursuivaient sur la route ne pussent faire la même diligence. Tibère, dans une circonstance pressante, fit, dit-on, 200 milles en 24 heures, et ne changea que trois fois de voiture. Dioclétien et Maximien, suivant les historiens, parcouraient de très-grandes distances avec la même célérité. Il serait facile de multiplier les exemples de ce genre, qui ne sont remarquables que par l'époque à laquelle ils nous reportent.

C'est encore ainsi, dit Bergier, *que les empereurs se faisoient porter le long des fleuves navigables, avec une merveilleuse promptitude et célérité. Ce qu'ils exécutoient à l'aide de certains vaisseaux faits exprès comme pour servir de chevaux de poste sur les eaux. Car les anciens avoient deux sortes de vaisseaux pour naviger, tant sur la mer que sur les fleuves navigables. Ils appeloient les uns onerarias naves, qui servoient à porter toutes sortes de fardeaux et marchandises ; et les autres fugaces sive cursorias, et d'un mot grec dromones, comme qui diroit des courriers, à cause de la vîtesse de leur course.*

Les chevaux n'étaient pas seuls employés, soit pour établir des correspondances entre tous les points d'un état et les nations entr'elles, soit pour voyager avec plus de sûreté, de commodité et même d'agrément.

Les Romains avaient dressé divers animaux à traîner leurs chars. Celui de Marc-Antoine était conduit par des lions. Héliogabale l'imita, et y substitua des tigres, qu'il remplaça par des cerfs et des chiens. L'empereur Firmus se servit d'autruches (1) dans le même but. Elles étaient, dit-on, d'une grandeur remarquable.

Ces éclaircissemens suffisent pour donner une juste idée des moyens employés primitivement pour correspondre, et du grand degré de perfection auquel les Romains avaient porté l'institution des postes. En les élevant au premier rang, ils en avaient assuré la prospérité par la considération, et la confiance, sur laquelle ils les faisaient reposer, était dévenue pour eux le seul garant de leur stabilité.

----

(1) Les Arabes appellent l'autruche l'oiseau-chameau.

DEUXIÈME PARTIE.

DES POSTES EN FRANCE.

La décadence de la puissance romaine fit négliger une institution qui ne reparaît qu'en France, sous Charlemagne, digne héritier des conquêtes de cette nation célèbre. La domination de ce prince, qui s'étendait en Allemagne, en Italie et en Espagne, lui rendait l'usage des postes d'une grande nécessité ; mais, si elles ne paraissent avoir servi d'abord qu'aux affaires publiques, les Français, dit Mezeray, les employèrent bientôt à satisfaire l'impatience curiosité qui leur était si naturelle. César, qui l'avait observée comme un trait distinctif de leur caractère, dit encore qu'ils aimaient si fort les nouvelles, qu'ils se tenaient sur les grands chemins pour arrêter les passans et surtout les étrangers, afin de savoir ce qu'il y avait de nouveau hors de leur pays.

On donnait aux courriers le nom de Veredarii, comme sous les empereurs Romains. La même considération avait été conservée aux officiers commis à la direction de cette importante branche administrative, toujours sous la surveillance des premiers dignitaires ou des hommes les plus recommandables de l'état.

Ce fut encore Charlemagne qui, le premier de nos rois, fit travailler aux grands chemins. Il releva d'abord les voies militaires romaines ; et, à l'exemple d'Auguste, il employa à ce travail, et ses troupes et ses sujets.

Louis-le-Débonnaire et quelques-uns de ses successeurs rendirent aussi des ordonnances sur cette matière ; mais les troubles des X.e et XI.e siècles firent perdre de vue la police des grands chemins. On s'en tint à quelques réparations de ponts, de chaussées et de cours d'eau, qui pouvaient offrir des obstacles à l'entrée des villes.

4

Philippe-Auguste s'occupa aussi des grands chemins, et fut le premier qui entreprit de paver la capitale. Il était très-jeune lorsqu'il fit exécuter ce projet. L'odeur des boues qui encombraient les rues de Paris, parvenant jusqu'à son palais, le déterminèrent à une opération qui joignait l'agrément à la salubrité.

Un financier, nommé Gérard de Boissy, fit à cette occasion, une action bien rare, et qui a prouvé l'amour qu'il portait à son pays. Ce citoyen, en voyant que son roi n'épargnait ni soins, ni dépenses, pour embellir Paris, contribua de la moitié de son bien, évaluée 11,000 marcs d'argent (1), pour en faire paver les rues.

Philippe-Auguste confia l'inspection des routes, comme du tems de Charlemagne, à des commissaires-généraux appelés Missi : ils ne dépendaient que du Roi. Henri II et Henri IV rendirent des édits à ce sujet. Henri IV créa, en 1579, un office de grand-voyer, auquel il attribua la surintendance des grands chemins. Louis XIII supprima cette charge et en fit rentrer les attributions dans celles des trésoriers de France. Il en reconnut bientôt l'importance, et la rétablit sous la dénomination de direction générale des ponts-et-chaussées, à laquelle il attacha des inspecteurs et des ingénieurs. Cette administration, à quelques modifications près, est restée la même depuis cette époque. (2)

Nous n'entrerons pas dans les considérations qui ont retardé, pendant si long-tems, l'établissement régulier des postes en France ; mais nous arriverons à cette heureuse époque après avoir cherché à saisir quelques-unes des traces légères qu'elles ont laissées de loin en loin.

Charlemagne, dont le nom est attaché aux entreprises les plus remarquables de la monarchie, acquit, en fondant l'Université, de nouveaux droits à l'immortalité.

---

(1) Ce qui équivaut à peu près à 559,000 fr. de notre monnaie actuelle.

(2) Ces courtes observations, quoique interrompant la suite des faits, ne nous ont point semblé déplacées ici. Nous aurons encore l'occasion de présenter diverses considérations qui se rattachent, d'une manière plus ou moins directe, au sujet que nous traitons. Nous croyons cette méthode plus convenable : elle a l'avantage de réunir des faits, qui n'offriraient pas le même intérêt, isolés et classés d'après l'ordre des dates que nous cherchons à suivre, avec exactitude, dans cet ouvrage.

Cette institution, destinée à conserver le germe des sciences, ne pouvait se propager qu'à l'aide d'une autre non moins importante; aussi les Postes, qui ne servaient qu'aux affaires du Roi, prirent-elles un grand degré d'intérêt par la nouvelle direction qu'elles reçurent. C'est donc avec raison qu'un des premiers génies du siècle (1) a dit que les postes et messageries, perfectionnées par Louis XI, furent d'abord établies par l'Université de Paris.

Ce fut, en effet, le moyen que le public employa pour la correspondance, et le seul même dont il se servit, pendant long-tems. Les nombreux élèves, que l'Université attirait des provinces pour les former à l'étude des belles-lettres, multipliaient de plus en plus les relations qu'elle y entretenait, en expédiant, à des époques indéterminées à la vérité, pour les principales villes de France, des messagers qui marchaient à ses frais.

C'est ainsi qu'à son exemple, sous le titre de messagers-royaux, des courriers portèrent, plus tard, les dépêches, des principaux fonctionnaires de l'état, relatives au service du Roi, dont les grands courriers du royaume ne pouvaient être chargés.

Quoique les communications ne fussent pas encore très-fréquentes entre les particuliers, parmi lesquels l'écriture était fort peu répandue et dont les liaisons d'intérêt ou de famille, avec les diverses provinces, ne devaient pas être multipliées, on profita des facilités qui se présentaient de les entretenir ou de les étendre. Les messagers durent les favoriser de tout leur pouvoir par les avantages qu'ils en retiraient.

Mais combien cette ressource était insuffisante. D'abord il fallait connaître l'époque de leur passage, toujours indéterminée; borner ensuite sa correspondance aux lieux seuls qu'ils fréquentaient; enfin, compter sur les lenteurs incalculables qu'entraînait ce mode de relations. Ainsi, pour une lettre qu'on écrit aujourd'hui et dont on reçoit la réponse en quatre jours, on mettait alors plus de deux mois. Que de raisons, d'un autre côté,

(1) M. le vicomte de Châteaubriand.

s'opposaient à ce que ces divers services eussent un mouvement régulier, et à ce qu'ils prissent un accroissement rapide. La France était divisée en petites souverainetés dont les princes, souvent en opposition d'intérêt, ne devaient multiplier les communications entr'elles que lorsque leur sûreté le commandait. Il y avait, en général, peu de grandes routes dans toute l'étendue du royaume, et la plupart encore mal entretenues. Les guerres civiles, les invasions retenaient les citoyens dans les villes : les relations commerciales étaient sans activité; elles se bornaient, le plus ordinairement, aux localités : un voyage d'une province à une autre présentait tant de difficultés, qu'il fallait des circonstances impérieuses pour le réaliser. On remonterait très-loin dans les siècles passés pour voir combien ces déplacemens offraient d'obstacles. Les historiens rapportent qu'on faisait des vœux avant de les entreprendre, et qu'on prenait les mêmes dispositions que pour les voyages d'outre-mer.

Il est donc incontestable que l'Université avait acquis le droit exclusif de transporter les lettres des particuliers; et qu'un service, établi primitivement dans ses intérêts privés et indépendant de celui de l'état, devint, presqu'en même tems, aussi avantageux pour la société.

Voilà, du moins le pensons-nous, les seuls élémens de correspondance que présente une suite de plusieurs siècles. On se contentait d'un mode que l'instruction bornée de ces tems-là ne forçait pas à perfectionner; mais la découverte de l'imprimerie et les lumières que l'université avait répandues peu à peu, en firent connaître l'insuffisance.

Nos rois, en maintenant les postes dans l'état où Charlemagne les avait laissées, les négligeaient ou les rétablissaient sur le même pied, selon que les circonstances l'exigeaient; mais ils conservaient toujours, près de leur personne, un grand maître des postes, titre qu'on voit reproduit sous tous les règnes, entr'autres sous celui de Louis VI.

Cependant, tout incomplets que sont ces documens, ils nous prouvent non-seulement l'utilité des postes à toutes les époques, mais encore l'importance qu'on y attachait, en les entourant d'une grande considération.

Louis XI est regardé, à juste titre, comme le fondateur des postes en France (1) : l'histoire est là pour
appuyer un fait de cette importance. Quant à la cause
qui y donna lieu, il serait difficile de se rendre au
témoignage de quelques auteurs qui prétendent l'attribuer à la sollicitude paternelle. Louis XI, disent-ils,
inquiet de la maladie grave du Dauphin, duquel il
était éloigné, établit les postes afin de connaître,
presqu'à chaque instant, l'espoir ou la crainte que son
état pouvait inspirer. Cette assertion est d'un bien faible
poids, lorsqu'il s'agit d'un prince de ce caractère. Ha-
bitué à la dissimulation, Louis XI fit naître ce
bruit ou l'accrédita, afin de détourner l'attention du
but qu'il se proposait. Ce ne serait pas la première
fois que le prétexte le plus respectable eût servi à
déguiser la vérité.

La vie agitée de ce monarque ; ses démêlés avec
les grands vassaux de la couronne, et particulièrement
avec le duc de Bourgogne ; ses intrigues dans les
principales cours de l'Europe ; tout explique assez le
besoin qu'il avait d'un moyen qui pût satisfaire à la
fois, et son esprit ombrageux et rusé, et ses vues
ambitieuses et perfides.

_____

(1) Les postes, disent MM. Saur et Saint-Geniès, dans leur ouvrage sur les aventures de Faust et sa descente aux enfers, la
machine pneumatique, d'autres inventions non moins importantes
et dont la première idée appartient à Faust, attestent la fécondité
inépuisable de son imagination : il a surtout consacré son nom à
l'immortalité par la découverte de l'imprimerie. Les mêmes auteurs
prétendent qu'un jeune Suisse, à qui il avait communiqué ses idées
sur les moyens de rétablir en France les postes telles qu'elles étaient
du tems des Romains, en fit part à Louis XI, qui les suivit et l'en
récompensa. Ils ajoutent que Faust, dans l'entretien qu'il eut avec
le monarque, auquel il fut présenté comme inventeur de l'imprimerie, n'était pas moins frappé de la supériorité de son esprit,
de l'étendue de ses connaissances, que touché de son langage doux,
caressant et presque flatteur. Louis XI, en instituant les postes,
dut s'entourer de tous les moyens propres à faire réussir son entreprise ; et, parmi les nombreux projets qui sans doute lui furent
soumis, il est possible que celui de Faust ait eu l'avantage d'être
préféré.
Nous ne doutons point que les auteurs cités n'aient eu de fortes
raisons pour adopter ce sentiment, et pour attribuer également
à Faust des faits que les biographes modernes regardent comme
devant concerner deux individus, Faust et Fust.

Mais écoutons les historiens sur l'origine de cette institution. *Le Roi*, dit Commines (1), *qui avoit jà ordonné postes en ce royaume, et par n'y en avoit jamais eu, fut bientôt adverty de cette déconfiture du duc de Bourgogne, et à chaque heure en attendoit des nouvelles, pour les advertissements qu'il avoit eu par avant de l'arrivée des Allemands, et de toute autre choses qui en dépendoient; et y avoit beaucoup de gens qui avoient les oreilles bien ouvertes pour les ouïr le premier et les luy aller dire; car il donnoit volontiers quelque chose à celuy qui le premier luy apportoit quelques grandes nouvelles, sans oublier les messagers; et si prenoit plaisir à en parler, avant qu'elles fussent venues, disant: je donneray à celui qui m'apportera des nouvelles. M. Dubouchage et moy eusmes (estant ensemble) le premier message de la bataille de Morat, et ensemble le dismes au Roy, lequel nous donna à chacun 200 marcs d'argent. Monseigneur du Lude, qui couchoit hors du plessis, sceut le premier l'arrivée du chevaucheur qui apporta les lettres de cette bataille de Nancy, dont j'ai parlé; il demanda au chevaucheur qui apporta les lettres, qui ne lui osa refuser, pourquoi il estoit en grande autorité avec le Roy. Ledit seigneur du Lude vint fort matin (il estoit à grande peine jour) heurter à l'huis plus prochain du Roy: on lui ouvrit; il bailla les dites lettres qu'envoyoit monseigneur de Craon et autres; mais aucuns disoient qu'on l'avait veu fuir, et qu'il s'estoit sauvé.*

Varillas (2) ajoute: *Les intrigues du duc de Bretagne n'auraient pu être découvertes à point nommé, si Louis XI ne se fut avisé d'une invention qui dure encore, tant elle a été trouvée convenable à la commodité du public. Comme il changeoit souvent les ordres qu'il avoit donnés, et qu'il prétendoit qu'on les exécutât avec une extrême promptitude, il se trouvoit sujet à des inconvéniens où ses prédécesseurs n'avoient point été exposés. Il n'avoit point un assez grand nombre de courriers, et ses courriers ne faisoient point assez de*

---

(1) Dans ses Mémoires.
(2) Histoire de Louis XI.

*diligence, et ils ne trouvoient point à propos les hôtel-
leries et les choses propres à leur rafraîchissement. On
n'y pouvoit remédier par les voies ordinaires sans qu'il
en coûtât beaucoup; et Louis entreprenait tant d'affaires en même tems, que, s'il n'eut ménagé sa bourse,
elle n'aurait pas suffi pour toutes. Il lui vint en pensée
d'établir des postes dans son royaume, et les règlements
qu'il fit là-dessus les garantirent à l'avenir de la meilleure partie des frais qu'il faisait auparavant, et lui
attirèrent de plus un avantage qu'il n'avait pas prévu,
et qui consistait à ce que ses intrigues s'acheminoient
avec plus de secret.*

*Son activité, dit Lenguet, (1), alloit au-delà de
tout ce qu'on peut dire : on voit par ses lettres écrites
de presque tous les endroits du royaume, qu'il doit
en avoir fait le tour deux ou trois fois. Il vouloit,
avance encore le même auteur, tout connoître par lui-
même, et il exigeoit souvent que les particuliers lui
écrivissent ; c'est le moyen qu'il avoit trouvé pour éviter les tromperies que lui auroient pu faire ses ministres.
Malgré ses précautions, il ne laissoit pas d'être quelque fois trompé.*

*Il employa, suivant Varillas (2), la plupart des
quatre millions sept cent mille livres qu'il exigeoit
tous les ans de ses sujets, à acheter des espions et
des créatures dans les états voisins du sien, et dans
les cours de ses principaux feudataires.*

*Le duc de Lorraine, dit Hainaut (3), accompagné
des Suisses, vint au secours de la place (Nancy), le
5 janvier, attaque et défait le duc Charles qui y per-
dit la vie, ayant été trahi par Campobosso, Napo-
litain. Il ne laissa d'autre héritier que Marie, sa
fille unique. En lui finit la deuxième maison de Bourgogne, qui avoit duré cent vingt ans sous quatre
princes. Le roi Louis XI qui, le premier, avoit établi
l'usage des postes, jusqu'alors inconnu en France, est
bientôt informé de cet événement, et en profite pour*

---

(1) Préface des Mémoires de Commines.
(2) Histoire citée.
(3) Histoire chronologique de France.

reprendre plusieurs villes en Picardie, en Artois et en Bourgogne.

Ainsi que dans l'antiquité, la guerre, fruit si funeste de l'ambition de quelques souverains, devint la cause d'une institution tellement utile aux peuples, qu'ils n'ont pas cessé depuis de la faire tourner au profit de la société.

Pour perpétuer le souvenir d'un événement si remarquable, on frappa une médaille destinée à le rappeler (1). Nous voyons, dans Mezeray, qu'elle était en bronze. Cet établissement de la poste *Decursio* (2), dit-il, *est désigné par deux courriers bien montés (dont l'un porte une malle en croupe) avec cette légende:* qui pedibus volucres ante irent cursibus auras*, afin que, pour ainsi dire, ils passent les oiseaux et les vents à la course.*

Louis XI rendit cette institution authentique par son édit en date du 19 juin 1464. (3)

C'est dans cette pièce importante que nous trouvons la preuve évidente que les postes ont été établies pour servir à la politique de Louis XI, et que leur usage, étendu presqu'en même tems aux besoins de la société, n'en étant que la conséquence, n'a pas eu pour but d'accroître les revenus de l'état en imposant la pensée, comme on semble le croire dans ce siècle calculateur.

Ce prince était si loin d'en considérer la création comme une ressource que, pour la consolider, il se vit dans l'impérieuse nécessité d'augmenter les charges qui pesaient sur ses peuples, et d'accorder des *gages* et de grands privilèges aux maîtres de poste auxquels il confiait ce service.

Il paraît que son édit fut mis de suite à exécution,

---

(1) Ce n'est pas la seule fois qu'on ait consacré des médailles à rappeler des événemens remarquables dans les postes. Nous voyons entr'autres exemples, dans une histoire d'Écosse, que lorsque Wallace combattait pour conserver ses anciens souverains à son pays, Bruce ayant reçu de lui un avis important apporté par un messager fidèle, donna à l'envoyé une médaille où l'on voyait une colombe avec cette légende : *fidèle comme ce premier messager*, faisant allusion à la colombe envoyée par Noé hors de l'arche.

(2) Au bas de l'exergue.

(3) Nous le rapportons à la fin de cet essai.

puisqu'on comptait déjà jusqu'à deux cent trente courriers à ses gages qui portaient ses ordres sur tous les
points du royaume, ainsi que les lettres des particuliers,
quoiqu'il n'en fut pas fait mention lors de la création
des postes.

Ces messagers couraient à cheval et changeaient de
chevaux à chaque relais, à l'instar des anciens, qui employaient aussi des courriers à pied comme nous le pratiquons (1). Ces derniers étaient appelés hémérodromes
par les Grecs, c'est-à-dire, courriers de jour.

---

(1) En France, partout où il n'y a pas de bureau de poste, il se
trouve des courriers sous diverses dénominations; les uns desservent
les communes dépendantes de chaque bureau de poste, les autres
sont employés à la correspondance réciproque des préfets et des
maires. Ces messagers font régulièrement deux courses par semaine
dans leurs arrondissemens respectifs. On peut évaluer le nombre de
lieues qu'ils parcourent ainsi pendant la durée de l'année à plus de
2500; ce qui équivaut à une marche moyenne de 7 lieues par jour.
Il est à remarquer que ces individus résistent long-tems à un exercice
aussi soutenu, qui n'est interrompu ni par les obstacles qu'opposent
les localités, ni par l'intempérie des saisons.

On pourrait citer beaucoup d'exemples de courses extraordinaires.
Il est même certaines provinces du royaume dont les habitans se distinguent par leur agilité à la marche.

La mode des coureurs était très en usage autrefois, surtout à Paris.
Ils précédaient ordinairement les coursiers de la voiture des personnes de distinction. On a renoncé à ce luxe dangereux, en employant à leur place des postillons à cheval.

Les coureurs, chez les anciens, faisaient 20, à 30 lieues par jour,
et même 40 dans le cirque pour remporter les prix. On lit dans
Pline, qu'Autiste et Félonide, coureurs d'Alexandre, parcoururent
un espace de 1200 stades, à peu près 44 lieues, en 24 heures. Il
ajoute qu'un jeune homme, nommé Mathias-Athas, fit 75 milles,
25 lieues, de midi jusqu'à la nuit. Plutarque dit qu'un certain An-
chide fit 1000 stades, 37 lieues de 2000 toises, en un jour.

On a vu, de nos jours, des courses aussi remarquables. En 1767,
un coureur de la duchesse de Weymar fit 76 lieues en 24 heures, et
ne se reposa que le tems nécessaire à la réponse des dépêches dont il
était porteur.

M.ʳ Cochrane, capitaine de la marine anglaise, exécute une entreprise des plus périlleuses et des plus étonnantes, celle de traverser à
pied toute l'Asie. Il se propose ensuite de parcourir ainsi l'Amérique.

Un anglais, nommé Aberthemy, vient de faire tout récemment
à pied, malgré un tems constamment mauvais, 560 milles en 8 jours,
ce qui fait 37 lieues par jour.

Il existe en Irlande un homme âgé de 142 ans qui, après avoir
voyagé dans toutes les parties du monde, a continué de s'exercer à

5

, Louis XI, disent les historiens, fit payer bien chère-
ment le bienfait des postes, en augmentant considérablement les tailles.

La dépense était le moindre des obstacles (1) à surmonter dans une entreprise de cette nature ; mais on pré-
voit tout ce que pouvait la volonté ferme d'un monarque
qui avait *mis tous les rois hors de page*, et *dont tout
le conseil*, suivant Commines, *était dans sa tête*. Le
code qu'on lui doit sur l'institution des postes, montre
assez combien cette vaste conception avait été l'objet de
ses profondes méditations, par l'éclat dont elles brillèrent
dès leur origine.

C'est de cette époque, ainsi que le porte l'édit déjà
cité, que date la création de la charge de conseiller, grand-
maître des coureurs du Roi. Elle fut donnée à l'un des

---

faire de longues marches en parcourant régulièrement chaque jour un
espace de 10 lieues.

Un autre individu, nommé Wert, a parcouru, en 4 jours et 4
heures, pour un pari de 7200 fr., 320 milles, environ 150 lieues de
France.

Le coureur Charles Quize vient de faire, en 7 quarts d'heure, le
trajet de Bruxelles à Volvurde, sans paraître fatigué ni même échauffé.
Il est maigre et de petite stature. Sa manière accoutumée de courir
est de tenir d'une main un mouchoir dont un des coins est dans ses
dents, et de l'autre il agite sans cesse un petit fouet.

Le nommé Rumel, âgé de 16 ans, est remarquable par sa force et
son agilité. Il a fait à pied le chemin de Francfort à Hanau et retour,
qui est de 8 lieues, en 2 heures 15 minutes : des cavaliers qui le
suivaient ne purent faire la même diligence et restèrent en arrière.

M.r Danwers paria dernièrement 5000 fr. de se rendre de Chetten-
ham à Bayswaters, 94 milles, en 22 heures. Il mit 10 minutes de
moins que le tems convenu, et fit sa course avec des souliers très-épais.

Aux courses de Montrose, qui ont eu lieu il y a peu de tems, après
que les chevaux eurent fourni leurs courses, il se présenta deux coureurs à pied, l'un appartenant à lord Kennedey, et l'autre au major
Hay. L'espace à parcourir était d'un demi-mille. Le premier attei-
gnit le but en 2 minutes 5 secondes ; l'autre en une minute de plus.
Un montagnard écossais, dans le costume de son pays, et quoique
revêtu de ses armes et de tout son équipage, arriva au terme de la
course en même tems que le vainqueur.

Nous bornerons là ces exemples, qu'il serait facile de multiplier.

(1) Delandine rapporte qu'un prédicateur, nommé Maillard, ayant
avancé quelque chose de choquant contre Louis XI, ce monarque lui
fit dire qu'il le ferait jeter dans la rivière. Le roi est le maître,
reprit-il, mais dites-lui que je serai plutôt en paradis par eau, qu'il
n'y arrivera par ses chevaux de poste.

conseillers de la cour. Il se tenait près de la personne du monarque , comme investi de toute sa confiance. Les officiers qui dépendaient de lui , étaient appelés chevau-cheurs de l'écurie du Roi : leur emploi était de surveiller ce service naissant. Des agens , sous le titre de maîtres coureurs, furent établis de traite en traite sur les grandes routes, désignées par les édits. Ils conduisaient, ou fai-saient conduire par leurs chevaux et leurs postillons , les voyageurs et les dépêches du roi.

La distance d'une traite à l'autre, dénomination rem-placée plus tard par celle de relais ou poste, était de quatre lieues ou environ, suivant les localités. Le prix de chaque cheval (1), fourni et entretenu par le maître de la traite, ne s'élevait qu'à 10 sous, y compris le guide.

Les maîtres coureurs et les autres agens des postes jouissaient de priviléges , dont nous parlerons plus tard.

Louis XI , pour donner à cette organisation plus de force et de régularité, créa , en 1479, une charge de contrôleur des chevaucheurs , cette mesure était de-venue nécessaire par les abus qui s'introduisaient dans ce service , et auxquels les chevaucheurs du Roi n'a-vaient pu remédier autant par négligence que par ignorance de leurs attributions.

L'intermédiaire d'un agent spécial fut déjà reconnue indispensable entre l'administration supérieure et les nombreux emplois qui en complétaient le système : on l'a maintenue comme la seule mesure conservatrice de toute bonne institution.

On s'occupa , pendant tout le le règne de Louis XI , des moyens propres à régulariser un établissement qui prospérait au-delà des espérances de son fondateur.

Les bases en étaient jetées, il ne s'agissait plus que de les modifier suivant les tems , les besoins et les lieux.

Charles VIII consolida l'ouvrage de son père. La correspondance paraissait déjà si bien établie, que les lettres mêmes de l'étranger parvenaient par la voie des Postes. Il est vrai de dire que l'édit autorisait le Pape

---

(1) Le nombre en était fixé ; mais il ne pouvait pas être moindre de quatre.

et les princes avec lesquels Louis XI était en bonne intelligence d'expédier des courriers, à la condition de se servir des chevaux de la poste. Mais, dans la crainte que quelques lettres ne continssent des principes contraires à la pragmatique sanction, que Charles VIII soutenait de tout son pouvoir, il fut défendu aux courriers, pendant quelque tems, sous peine de la hart, de se charger des missives que les particuliers leur confiaient sans doute, puisque les postes n'avaient été créées originairement que pour le service d'un Roi qui n'avait pas cru que l'état de la société en réclamât en même tems les avantages.

Depuis cette époque et pendant près d'un demi-siècle les postes n'offrent rien de remarquable. Louis XII, François Ier, Henri II et Francois II les maintinrent telles que Louis XI les avait créées.

L'agitation qui se manifesta sous ces derniers règnes, fut un obstacle à l'introduction de toute mesure utile ; car nous ne considérerons pas comme améliorations quelques arrêts rendus en faveur des maîtres de poste, auxquels on contestait des droits si bien établis.

Charles IX, dès 1563, remit en vigueur l'édit de Louis XI, et défendit surtout de fournir des chevaux pour les routes de traverse. Les peines (1) les plus graves étaient portées contre les agens des postes qui changeraient les directions des dépêches, lesquelles ne pourraient être transportées que sur les routes où les postes étaient en activité.

On sentait que, pour conserver à ce service toute sa prééminence et sa sécurité, il fallait repousser, dès leur naissance, les mesures arbitraires introduites sans doute par un zèle très-louable, mais que l'expérience n'éclairait pas encore.

Les noms des conseillers grands-maîtres des courriers de France et des contrôleurs généraux, depuis Robert Paon, qui le premier porta ce titre, jusqu'à Jean Dumas, qui remplit cette charge en 1565, ont échappé à nos recherches. Ces deux emplois, d'abord distincts,

_____

(1) Entr'autres une amende de 100 livres tournois et la dépossession des charges.

ne tardèrent pas à être réunis en un seul. La dénomination de contrôleur général des Postes, qui prévalut, varia bientôt après comme nous aurons occasion de le remarquer.

La juridiction des contrôleurs généraux, quoique bien établie par les édits, devenait l'objet de contestations sans cesse renaissantes : le Roi rendit divers arrêts à ce sujet, qui tous maintenaient l'indépendance des postes, dont les contrôleurs généraux plaidaient la cause avec autant de force que de succès.

Les routes sur lesquelles les postes n'étaient pas établies se trouvant privées des avantages de correspondre avec régularité, il fut décidé, en 1576, qu'on emploierait des messagers-royaux, à l'instar de ceux de l'université. Le nombre en fut successivement étendu à toutes les villes où il y avait un parlement. Ils faisaient le service des dépêches dont les entrepreneurs des routes d'embranchement sont chargés aujourd'hui.

Hugues Dumas, qui succéda en 1585, à son frère, est confirmé dans les mêmes prérogatives par Henri III. Il fut remplacé, en 1595, par Guillaume Fouquet (1).

Henri IV, toujours guidé par l'amour du bien public, ordonna, en 1597, l'établissement des chevaux de louage de traite en traite sur les grands chemins, traverses et bords de rivières, comme un nouveau moyen d'adoucissement à la misère de son peuple. *Considérant,* disait-il, *la pauvreté et nécessité à laquelle tous nos sujets sont réduits à l'accroissement des troubles passés, que la plupart d'iceux sont destituez de chevaux, non-seulement pour le labourage, mais aussi pour voyager et vacquer à leurs négoces accoutumez, n'ayant moyen d'en achepter, ni de supporter la despense nécessaire pour la nourriture et entretien d'iceux ; pour raison de quoi, et pour la crainte que nos dits sujets ont des courses et ravages de gens de guerre, comme aussi les commerces accoustumez cessent et sont discontinuez en beaucoup d'endroicts, et ne peuvent nos dits sujets librement vacquer à leurs affaires, sinon en prenant la*

_____

(1) Sieur de la Varenne, commissaire ordinaire des guerres et capitaine de la ville et du château de la Flèche.

poste , qui leur vient en grande cherté et excessive des-
pense etc. A quoi désirant pourvoir , et donner moyen
à nos dits sujets de voyager , et commodément continuer
le labourage, etc., avons ordonné et ordonnons que par
toutes les villes , bourgs et bourgades de ce dit royaume,
et lieux qui seront jugez nécessaires seront establis des
maistres particuliers pour chacune traite et journée.
Déclarant , ajoute ce prince , n'avoir entendu préjudi-
cier aux droits , privilèges et immunitez des postes.

Ce nouveau service donna lieu à la création de deux
offices de généraux des chevaux de relais et de louage.

La distance entre chaque relais fut calculée sur la journée
commune de 15 à 16 lieues, et portée à 7 ou 8 lieues. Le
prix de ferme fut basé sur le nombre de chevaux de
chaque relais et fixé à 10 francs par tête. On arrêta
celui de la journée de chaque cheval , tant pour l'aller
que le retour, à 20 sous tournois et 25 sous pour chaque
bête d'amble , malliers et chevaux de courbes, c'est-à-
dire , employés au tirage des voitures par eau.

Le Roi , pour soutenir cet établissement et prévenir
tous les abus , ordonna en outre que les chevaux des
relais seraient considérés comme lui appartenant et marqués à cet effet sur la cuisse droite d'un H surmonté
d'une fleur de lys ; et sur la cuisse gauche , de la lettre
initiale du lieu où ils seraient entretenus.

Les voyageurs ne pouvaient faire galoper les chevaux
sous peine de dix écus d'amende ; *Ains , était-il or-*
donné, d'en user et s'en servir ainsi que l'on a accous-
tumé de faire des chevaux louez à la journée (1).

Telles sont à peu près les dispositions fondamentales
d'un établissement que Henri IV crut utile à ses sujets.
Mais les postes ne tardèrent pas à se ressentir des funestes effets que leur causait une semblable concurrence.
Menacées d'une destruction prochaine , elles n'échappè-
rent à leur ruine totale que par une mesure qui concilia
à la fois, et la sollicitude paternelle du prince, et l'intérêt
public.

Les relais furent réunis aux postes , et firent dès lors

---

(1) M. de la Varenne, dit Sully, ne voulait pas introduire de chevaux de louage au préjudice des relais et des postes.

partie des attributions du contrôleur général des postes.
Le roi releva par là une institution dont il aurait entraîné la perte par des vues de bienfaisance, et satisfit
aussi son cœur en conservant à son peuple une plus
grande facilité de voyager, quoique forcé, par un sentiment de justice, de la restreindre. A cet effet, le contrôleur général des postes fut tenu de fournir des chevaux de relais à ceux qui ne voudraient pas courir la
poste, en ne payant que demi-poste par chaque cheval,
et se conformant à ce qui avait été ordonné pour les relais, entr'autres obligations, de ne mener les chevaux
qu'au pas ou au trot,

Henri IV, en élevant les postes au rang des institutions
les plus notables de son royaume, crut y ajouter un nouvel éclat par le titre de général qui remplaça, en 1603,
celui de conseiller contrôleur général des Postes. *Le soin,*
dit ce Prince, *que nous avons voulu prendre depuis un
certain tems de savoir bien au vrai en quoy consiste la
charge de contrôleur des postes de nostre royaume,
nous a fait entrer dans une fort particulière connaissance
du mérite d'icelle, et juger de quelle façon elle importe au
bien de nos affaires.. Et aprez avoir mûrement considéré
jusqu'où elle s'estend, combien elle est honorable et avec
quelle authorité elle se peut dignement exercer par un
homme qui s'en acquittera fidellement, comme nous avons
toute occasion de recevoir un entier contentement de
nostre ami féal sieur de la Varenne, conseiller en
nostre conseil d'estat, sans qu'au changement que nous
n'apportions autre prix qu'une marque d'honneur que
nous entendons être faite à la dite charge.*

Sully dit *qu'il fut fait, en 1608, un réglement général, adressé aux trésoriers de l'épargne des menus,
des lignes suisses, de l'artillerie, de l'extraordinaire des
guerres, de l'extraordinaire de deçà les monts, et
autres, qui leur prescrivait une forme plus exacte pour
leurs comptes.*

Il ajoute *que, parmi d'autres réglemens généraux, il
en avait proposé un sur les postes, dans lequel étaient
compris les maîtres et contrôleurs des postes, les chevaucheurs d'écurie du Roi, les courtiers et banquiers,
et leurs commis, les coches, les messagers à pied et à
cheval, et tous chariots et voitures par eau et par terre.*

Lorsque je lisais cet article au Roi , il me dit : je vous recommande à la Varenne et à tous les chevaucheurs ; je vous les enverrai tous.

Ce ministre, toujours occupé du bien public, sous un Roi qui lui accordait une confiance si entière, dit encore dans ses mémoires : *Je médite sur la manière de rétablir et de recommencer les ouvrages publics comme chemins* (1) *, ponts, levées et autres bâtimens qui ne font pas moins d'honneur au souverain que la magnificence de ses propres maisons, et qui sont d'une utilité générale.*

Si tous les actes qui ont signalé le règne de Henri IV, sont empreints, en quelque sorte, de l'amour que son peuple lui inspirait, on ne peut s'empêcher d'y reconnaître aussi cet esprit de justice et cette sagacité qui le portaient à élever ce qui était grand et à honorer tout ce qui était digne d'être respecté. Nos rois ont toujours reconnu l'importance des postes; mais il est un de ceux qui ont le plus contribué à les affermir.

Le règne de Louis XIII apporta de nouvelles améliorations à cette institution. La vigueur avec laquelle les prérogatives en furent encore maintenues, et les heureux changemens qui s'y opérèrent, en rendirent l'organisation plus fixe et plus régulière.

Pierre d'Alméras (2), nouveau général des postes, soutient la cause des maîtres des courriers envers lesquels, dans ces tems de guerre civile et de désordre , on avait exercé de grandes violences.

C'est dans cette vue que divers arrêts sont rendus, en 1612, pour les mettre à l'abri du retour de pareils excès, et que le prix de la ferme des relais porté à 10 francs par cheval et par an , est réduit à 6 francs.

Nos Rois, en abandonnant au général des postes les produits de la taxe des lettres pour le dédommager des frais qu'entraînait ce transport et le droit exigé pour en exercer le privilége exclusif, n'avaient pris aucune mesure propre à régler les bases sur lesquelles le port devait en être perçu, en raison du poids et des distances à

---

(1) Une somme de 4,855,000 y fut destinée.
(2) Seigneur de St-Remy et de Saussoye, conseiller du Roi en ses conseils.

parcourir. Les généraux eux-mêmes, trop occupés d'une
organisation qui réclamait toute leur surveillance, négligeaient de porter leur attention sur un point qui tou-
chait de si près à leurs intérêts. Les particuliers, profi-
tant de la facilité qu'on leur laissait, s'étaient attribués
seuls le droit de taxer leurs lettres. Il est à croire que, primitivement, un grand esprit de justice présidait à cette
opération, puisqu'on ne leur en avait pas contesté la
liberté. Mais ils le firent plus tard avec si peu de réserve,
que le général des postes s'en plaignit en *les engageant
à le faire plus libéralement et n'abusant pas d'une facilité qui les portoit à ne mettre que demi-port de ce
qu'ils souloient faire ci-devant.*

La plainte était d'autant plus juste, que les dépenses
augmentaient en raison de la régularité qui avait lieu
dans le service des postes. Les courriers arrivaient et
partaient à des jours fixes de la semaine ; et le public
comptait déjà assez sur l'exactitude de leur marche
pour entretenir des relations suivies, dont il faisait dé-
pendre les intérêts de sa fortune.

Afin de mettre un terme à des mesures arbitraires,
tout-à-fait contraire à la prospérité des postes, le général avait autorisé les commis à surtaxer les lettres et
paquets pour les remettre au taux originel. Mais, craignant
de faire naître d'injustes réclamations qui eussent porté
atteinte à l'honneur des officiers des postes, il établit un
tarif qui fut rendu public et qui servit de base à la taxe
des lettres, *sauf que le plus grand port y fut volon-
tairement apposé par ceux qui les enverraient,* est-il
dit à cette occasion. Ce furent ces raisons de délicatesse
et de justice qui, en 1627, 163 ans après l'établissement
des postes, donnèrent lieu au premier tarif connu.

A cette époque où la police intérieure du royaume ne
pouvait remédier à tous les brigandages qu'enfantent
toujours les dissentions intestines, les routes étaient
peu sûres. La poste, comme tenant au service du Roi,
semblait être à l'abri des tentatives les plus coupables.
La sécurité que le public trouvait à correspondre par
cette voie, le porta à l'étendre à l'envoi de l'argent,
des bijoux, des pierreries et aux autres objets précieux,
en les insérant dans les lettres. Ces abus éveillèrent l'attention du général des Postes : comme ils tendaient à

compromettre la sûreté des dépêches en servant d'appât
aux malfaiteurs , il fut fait défense expresse de rien introduire de semblable dans les missives. L'argent monnoyé, par un sentiment de bienveillance, fut seul excepté de cette mesure. Soit pour en favoriser la circulation, soit afin de soustraire le peuple à la dépendance
d'individus qui se chargeaient de ces transports à un taux
usuraire, on permit de recevoir l'argent ayant cours à
découvert jusqu'à la concurrence de cent francs, moyennant un prix calculé sur les distances à parcourir. Le
montant de ces sommes était inscrit sur des livres tenus
à cet effet dans chaque bureau de poste.

Telle fut l'origine des articles d'argent déposés, connus
encore aujourd'hui sous ce titre.

L'expérience avait assez fait connaître la confiance que
les postes devaient inspirer , tant par la célérité que par
la sécurité qu'elles offraient. L'époque était venue de
faire cesser les expéditions extraordinaires de courriers
que multipliaient les gouverneurs des provinces ou autres
personnages titrés , afin de correspondre d'une manière
plus éclatante avec la cour. Cet usage , non-seulement
onéreux pour la poste , par les frais qu'il occasionnait,
pouvait nuire à la sécurité qu'elle inspirait. Le général,
pour remédier aux abus que ces exceptions n'auraient pas
manqué d'entraîner par la suite, obtint du Roi, qu'à
dater de 1629 , tous les paquets adressés à sa majesté,
au chancelier et au surintendant des finances, ne parviendraient plus que par son intermédiaire , et seraient
remis aux officiers des postes qui les enregistreraient
sur des livres destinés à cet effet, en marquant toujours
sur l'enveloppe le jour et l'heure du départ des courriers,
afin d'établir leur responsabilité. Cette formalité reçut
le nom de chargement de lettres de service. On l'a étendue
depuis aux particuliers, mais à des conditions dont nous
parlerons plus tard.

On reconnut cependant qu'il était des circonstances
où la gravité des affaires ne permettrait pas d'attendre
le départ plus ou moins prochain des courriers; dans
ce cas seulement, les frais qu'occasionnait l'envoi de
ces dépêches tombaient à la charge des ministres auxquels
elles étaient destinées. Ces expéditions instantannées ont
été appelées estafettes. Elles conservent encore ce nom ,
et on y a souvent recours dans le même but.

René d'Alméras, frère du précédent, occupe le dernier la charge de général des postes, que Louis XIII supprima ; celle de surintendant-général des postes la remplaça en 1630. Nous voyons dans cette nouvelle dénomination, sinon de plus grandes prérogatives attachées aux postes, du moins une organisation particulière qui tendait dès-lors à leur donner une forme plus régulière, et qui a servi de base au système administratif adopté généralement de nos jours. En effet, cette charge, exercée annuellement par chacun des trois conseillers (1) nommés par le Roi, rentre absolument dans les attributions actuelles des directeurs-généraux, dont les fonctions sont partagées par les administrateurs qui forment leur conseil. Les modifications apportées par la suite, dans le nom ou dans le nombre de ces emplois supérieurs, sont subordonnées à des causes accidentelles qui n'ont rien changé au principe.

On étendit l'utilité de cette mesure en établissant en même tems des charges de conseillers, maîtres des courriers, contrôleurs provinciaux des postes. L'activité et la surveillance directe et continue de ces nouveaux agens, sur toutes les parties de ce service, devaient en hâter l'amélioration. Elle fut rapide : leurs attributions étaient très-étendues. Ils présentaient les sujets pour les places dont le surintendant disposait seul, et dans lesquelles ils n'étaient confirmés qu'après avoir prêté le serment de fidélité au roi. Ils indiquaient aussi les changemens à opérer, soit dans le départ ou la marche des courriers. Ainsi, ceux de Paris partirent plus régulièrement deux fois la semaine ; et il fut réglé qu'ils feraient nuit et jour, pendant les sept mois de la belle saison, une poste par heure ; et, pendant les cinq mois d'hiver, il leur fut accordé une heure et demie, pour parcourir la même distance.

Les contrôleurs provinciaux jouissaient encore du revenu de la taxe des lettres. Tant d'avantages firent craindre que leur influence ne détruisît en partie celle du surintendant-général, et ne les rendît indépendans.

_____

(1) Il en était ainsi, dit Sully, des offices des finances possédés par trois personnes, sous le titre d'ancien, d'alternatif et de triennal.

Louis XIII mit des bornes à leur pouvoir en faisant rentrer dans les attributions de celui-ci une partie des prérogatives qu'il avait accordées aux premiers, sans diminuer l'heureuse impulsion qu'ils avaient communiquée et qui devait produire les résultats les plus satisfaisans. Les priviléges qu'avait déjà M. de Nouveau (1), surintendant-général des postes, s'accrurent de tous les droits dont les contrôleurs furent privés. « *Confirmons*, dit le roi, *aux surintendans-généraux, tous les gages, les appointemens, plats et ordinaires en notre cour et suite, logement près de notre personne, extraordinaire gratification, récompenses, estrennes, revenus desdits relais et chevaux de louage, avec pouvoir de changer, augmenter et diminuer lesdites postes, contraindre les maistres d'icelle, d'observer les édits, ordonnances et réglemens cy-devant faits, et ceux qui seront ou pourront être à l'avenir; ensemble mulcter lesdits maistres de poste par retranchement de leur charge, etc.; disposer d'icelles et de toutes les autres qui dépendent d'eux, desquelles choses ils ne seront responsables qu'à notre personne.*

Certes, c'était une charge éminente que celle qui donnait de telles prérogatives. Nouvelle preuve de l'importance que nos rois attachaient aux postes, en élevant ceux auxquels ils en confiaient le soin au rang de ministres de leur maison.

Les contrôleurs, rendus plus dépendans du surintendant-général, n'en contribuèrent pas moins à la prospérité d'un établissement auquel ils devaient apporter de si utiles et de si nombreuses améliorations.

Le public continuait d'introduire dans les missives, malgré toutes les défenses faites à ce sujet, des objets étrangers à la correspondance. Le surintendant-général représenta au Roi l'impossibilité de s'opposer aux transports de ce genre. Il fut décidé, d'après cela, que les envois auraient lieu suivant le mode établi pour l'argent monnoyé. Cette nouvelle partie du service reçut la dénomination de *valeurs cotées*, parce qu'on en percevait

_____

(1) Conseiller, commandeur, grand trésorier des ordres, revêtu des trois charges d'ancien, alternatif et triennal.

le port sur le prix que l'envoyeur était obligé de déclarer aux officiers des postes, en leur présentant l'objet à découvert, afin d'en justifier l'estimation.

Les particuliers trouvèrent dans cette mesure un moyen de faire parvenir, sur tous les points de la France, les matières d'un grand prix dont la circulation n'aurait pu s'étendre par le peu de relations établies encore entre les provinces. Le commerce et l'industrie durent en recevoir une nouvelle activité. Aujourd'hui, par les raisons contraires, ce mode est loin d'être aussi productif pour les postes. C'est une facilité dont le public n'use que rarement.

Les intérêts des maîtres des relais furent un instant compromis par la concurrence des messagers royaux. Les avantages apparens qu'elle semblait offrir aux particuliers pouvaient entraîner des résultats funestes au bien de l'état. Dès 1634, les remontrances du surintendant-général des postes furent accueillies, et les messagers royaux furent forcés de s'en tenir à l'édit de leur création, qui les obligeait à marquer leurs chevaux d'un signe particulier, à ne conduire par leurs voitures les voyageurs d'une ville à l'autre du royaume qu'avec les mêmes chevaux, et à n'employer, en cas d'insuffisance, que ceux des maîtres de poste; il leur était interdit en outre de recevoir les étrangers, ainsi que les personnes qui partaient de la cour, soit pour voyager dans l'intérieur du royaume, soit même pour en sortir.

La politique de ces tems n'était pas parvenue au point de mettre obstacle à la correspondance entre les individus. Lorsque les grands débats qui s'élevaient entre les puissances étaient réglés par les chances de la guerre, le Roi ne voulut pas que les intérêts privés en souffrissent, et que les relations fussent interrompues. En conséquence, les courriers, pendant la guerre qui eut lieu en 1637 transportèrent les lettres comme à l'ordinaire.

Ce principe généreux n'a pas été toujours reconnu; et nous verrons, dans la suite, qu'on a souvent usé d'une grande rigueur à cet égard.

Le droit de franchise ou d'exemption de taxe, qui n'avait pas reçu d'extension, et qu'on avait accordé par une faveur toute spéciale, aux ambassadeurs, leur fut bientôt retiré. L'abus qui s'était introduit, sans doute à leur insçu, de faire parvenir la correspondance des particuliers sous leur couvert, avait causé une diminution considérable sur la recette des lettres provenant de l'étranger. Il cessa en partie par cette mesure ; mais il paraît difficile de remédier à un pareil inconvénient, qui s'est renouvelé tant de fois depuis.

Le service des postes prenant de plus en plus de l'accroissement, la surveillance active des contrôleurs provinciaux ne pouvait s'exercer avec le même succès sur tous les points. Les relais et les bureaux de poste se multipliaient chaque jour ; le nombre des fermiers et des messagers, tant royaux que de l'université, augmentait en proportion ; il fallait aussi que celui des commis s'accrût pour le travail des lettres. Les contrôleurs provinciaux jugèrent donc convenable d'établir un nouvel agent, dont les attributions, en opposition avec celle des fermiers et des employés, concourussent néanmoins à faciliter tant d'opérations, avec la même régularité. Le roi créa, à cet effet, en 1643, des offices de contrôleurs, *taxeurs* et *peseurs* de lettres et paquets. L'emploi de ces contrôleurs était de taxer les lettres à l'arrivée des courriers, en suivant les poids en usage dans les villes ; de tenir des registres de celles qu'ils expédiaient ; de recevoir les plaintes relatives au service ; enfin de faire observer les réglemens. L'achat de ces charges leur donnait aussi l'avantage de jouir du quart en sus de tous les ports des lettres et paquets allant par la voie des postes.

Ces charges furent supprimées en 1655. On les remplaça par celles d'intendans (au nombre de quatre), dont les attributions furent plus étendues, et on leur adjoignit toutefois des commis pour remplir les fonctions des contrôleurs.

Il est facile de voir que, si le gouvernement trouvait quelque profit dans les fréquentes mutations des charges, il y était également porté par l'accroissement que les postes prenaient chaque jour. La nécessité de multiplier les moyens de surveillance entraînait la création de nouveaux emplois, parmi lesquels la hiérarchie, observée déjà avec rigueur, établissait les droits réels à l'avancement.

Les messagers de l'université, à l'exemple des messagers royaux, ayant empiété sur les droits des postes, échouèrent également, en 1661, dans leurs prétentions exagérées. Ils ne partirent plus que, comme par le passé à certains jours, des villes où ils étaient établis, en ne marchant qu'à journées réglées entre deux soleils, sans pouvoir aller en poste, ni se servir de courriers pendant la nuit, ni même de chevaux de relais de traite en traite sur les routes. La contravention à ces défenses emportait la confiscation des chevaux, une amende de 1000 fr., et la prison à l'égard des courriers.

Les postes fixèrent l'attention de Louis XIV, qui devait leur communiquer, comme à toutes les institutions de son règne, ce caractère de grandeur et de stabilité qui l'a immortalisé.

Elles furent cependant encore menacées d'une ruine totale. Plusieurs voyages de la cour, dans les provinces, causèrent la perte de plus d'un quart des chevaux. La rareté qui s'en suivit, et, par conséquent, le prix auquel on portait ces animaux, joints à la disette des fourrages, laissait peu d'espoir de remonter cet établissement. Le découragement était à son comble; et les maîtres de poste, dont les relais n'étaient pas entièrement démontés, menaçaient de les abandonner.

Le roi, vivement touché de leur sort, s'empressa de remettre en vigueur les arrêts qui leur accordaient les priviléges qu'on n'avait cessé de leur contester, et qu'ils tenaient de Louis XI et de ses successeurs. Ils consistaient dans l'exemption de la taille sur 60 arpens de terre (non compris les héritages qui leur appartenaient); de milice pour l'aîné de leurs enfans et le premier de leurs postillons; de logement de gens de guerre; de contributions au guet, garde, subsistances et autres impositions; des charges de ville, de tutelle, curatelle, établissemens de séquestres et saisies réelles, etc.; enfin, de droits aussi onéreux qu'assujettissans, dont on ne les déchargeait que pour les distinguer plus spécialement, en raison de l'utilité et du genre de leur service. Ils étaient, en outre, commensaux de la maison du roi, et jouissaient des *gages* attachés à leurs titres. Leurs brevets étaient signés par le prince.

Louis XIV ne se contenta pas de cet acte de justice: il ordonna qu'aucune charge du royaume ne serait ac-

quittée avant celles dues pour indemniser les maîtres
de poste de leurs pertes, voulant réparer, par une
mesure prompte et préservatrice, un mal dont les suites
pouvaient devenir si funestes à l'état.

L'exemple de ces révolutions désastreuses dans les
postes, tant chez les anciens que chez les modernes,
aurait dû mettre en garde contre de pareils retours,
si le flambeau de l'expérience servait de guide aux
novateurs.

La seule protection de nos rois a soutenu cet établissement contre leurs mesures inconsidérées : elle est
encore la cause de leur prospérité. Mais n'est-il donc
aucun moyen de consolider cette institution, en l'as-
seyant sur des bases solides et à l'abri de tout ébranle-
ment? L'agriculture, sur laquelle les maîtres de poste devraient porter toutes leurs vues, nous semble celle qui y
conduirait le plus infailliblement, surtout s'il était
soutenu par les encouragemens qui font naître l'émulation, sans laquelle tout languit. Ils serviraient dou-
blement leurs intérêts et ceux de l'état, en y rattachant
leur industrie qui s'y lie si étroitement. L'exploitation
d'une grande ferme ferait la sécurité du gouvernement,
et la richesse du maître de poste. En effet, ce dernier re-
douterait-il le ravage des épizooties, la disette des fourrages, la rareté des chevaux (1), la cherté qui s'en suit,
lorsque les siens, forts et vigoureux, seraient entretenus
avec soin, nourris sainement et exercés avec discernement. En les élevant sur son domaine, il en améliore-
rait la race et l'approprierait au besoin de son relais ;
leur nombre, toujours en raison de l'importance de sa
culture et de la nature des produits de sa terre, ne
serait pas limité à celui des réglemens. Verrait-il,
d'après cela, la cause de sa ruine dans un événement
passager, la forme d'une voiture, son poids, sa surcharge; des voyages multipliés ; des guerres, des invasions, où des circonstances imprévues ne pourraient
mettre sa prévoyance en défaut ; et, toujours prêt à

---

[1] Les chevaux français sont très-estimés, surtout ceux que
fournit la Normandie, qui sont préférés pour l'attelage. On porte à
1,650,000 le nombre de ceux de toute espèce qu'on élève en France.
L'Angleterre en compte à peu près le même nombre.

seconder les vues du gouvernement auquel il devrait sa considération, il trouverait dans ses propres ressources les moyens d'assurer, en tout tems, un service que des sacrifices incalculables ne pourraient souvent préserver d'une entière destruction.

C'est surtout par l'entretien des routes royales (1) que l'on concourrait efficacement à soutenir les maîtres de poste. Celles qui traversent la France, dans tous les sens, sont bien coupées et parfaitement alignées. Les ponts, les chaussées et toutes les constructions en ce genre, fixent, par leur perfection, l'attention des étrangers. Sous le règne de Louis XV, un nombre considérable de routes ont été ouvertes des portes de la capitale aux extrémités du royaume. Quelques entreprises semblables ont eu lieu depuis; mais ce n'est pas assez de créer, il faut entretenir. Tous les états de l'Europe sentent aujourd'hui la nécessité de tracer des grands chemins ou de les réparer. L'Angleterre nous en donne l'exemple en les multipliant au point d'en compter trois fois plus qu'en France (2), et plusieurs autres nations rivalisent d'émulation à cet égard. Il y aurait peu à faire si l'attention du gouvernement se portait sur ce point. Déjà, quelques heureux essais font pressentir le désir qu'il aurait d'améliorer une partie si importante de l'administration intérieure de l'état. Des compagnies entreprennent d'établir une route en fer, de Lyon à Saint-Etienne, et proposent d'en exécuter une semblable de Paris au Hâvre. Un pont suspendu à des chaînes de fer s'achève sur le Rhône. On en construit un de ce genre, à Paris, entre l'esplanade des Invalides et les Champs-Elysées; et bientôt, sans doute, tous les passages où l'on n'avait pu vaincre, jusqu'à ce jour, les difficultés que la nature oppose, deviendront praticables, ou cesseront d'être un objet continuel de crainte pour les voyageurs qui traverseront, en tout tems et avec

[1] Quant aux routes départementales et vicinales, elles sont en général fort dégradées.

[2] La longueur des routes en France n'excède pas 10,000 lieues tandis que l'étendue des chemins de la Grande-Bretagne dépasse une longueur de 30,000 lieues.

7

sécurité, ces gorges profondes et ces fleuves rapides auxquels l'obscurité des nuits et l'inclémence des saisons ajoutent de nouveaux dangers.

Nous n'aurions pas la moindre incertitude sur le sort des grandes routes, en France, si on assignait sur les revenus des postes, un fonds suffisant à leur entretien ; car, tout en admirant les ouvrages des anciens, nous nous condamnons à ne pas les imiter, en réprouvant les moyens qu'ils employaient pour en assurer la durée. Charlemagne, à l'exemple des Romains, faisait travailler ses troupes (1) et ses sujets aux grandes entreprises de l'empire, parmi lesquelles la construction des routes tenait un rang si important. Nous ne pensons pas qu'en suivant le système actuel il y fût parvenu.

Il n'est pas douteux que le mauvais état des routes n'ait été pendant long-tems le motif du peu de perfection qu'on remarquait dans nos voitures. C'étaient des chariots attelés de bœufs dont se servaient les rois de la première race. On ne fait pas remonter l'invention des voitures, qui est due aux Français, au-delà du règne de Charles VII. *Malgré le luxe et l'extravagance de ces tems-là*, dit Millot, *on ignoroit tellement les commodités de la vie, que, durant l'hiver rigoureux de 1457, les seigneurs et les dames de qualité, n'osant monter à cheval, se faisoient traîner dans des tonneaux en guise de carrosses.* Le char (2) suspendu que Ladislas, roi de Bohême, envoya à la reine mère, Marie d'Anjou, surpassa bientôt tous les essais en ce genre. *Il estoit*, disent les chroniques, *branlant et moult riche.*

Avant cette époque les reines, comme toutes les dames de la cour, allaient en litière ou à cheval. Sous François I.er, les princesses parurent, à diverses cérémonies, montées sur des haquenées blanches.

Il n'y eut d'abord, en France, que le carrosse de la reine Eléonore, celui de la duchesse d'Angoulême, mère de François I.er, et celui de Diane, fille de Henri II. Ces voitures, rondes et petites, ne pouvaient

---

(1) Le roi de Suède a fait faire par ses troupes près des six septièmes des grands travaux effectués en canaux et en routes.

(2) 1475.

contenir que deux personnes. Elles furent agrandies, et
devinrent si incommodes, que le parlement pria
Charles IX d'en défendre l'usage dans Paris : il ne fut
plus maintenu que pour les voyages. Le bon Henri n'avait
cependant qu'une seule voiture, et elle était de cette
espèce. *Je ne pourrai vous aller trouver d'aujourd'hui,*
écrivait-il à Sully, *ma femme m'ayant pris mon
coche.* Le défaut de glaces à sa voiture, disent les historiens, a peut-être été la cause de sa mort.

Les courtisans allaient au Louvre à cheval, et les
dames montaient en croupe ou en litière. Les conseillers se rendaient au palais sur des mules.

Un seigneur de la cour, nommé Jean de Laval
de Bois-Dauphin, paraît être le premier qui se soit servi
de voitures à l'exemple des princes. Sa grosseur excessive,
qui l'empêchait de marcher et de monter à cheval, en
devint le motif. On remarqua ensuite celle du président de Thou. Bassompière, sous le règne de Louis XIII,
essaya, le premier, de faire placer des glaces à son
carrosse. Ce ne fut qu'en 1515 qu'il parut des voitures
à Vienne, et en 1580 à Londres.

On conçoit, d'après cela, que cette invention, attribuée aux Français, n'est point une assertion vague
et dénuée de preuves. Mais il est juste d'avouer aussi
que les imitateurs les ont surpassés pendant long-tems
dans la construction élégante et commode des voitures.

Jusqu'en 1650, l'usage ne s'en était répandu que
parmi les particuliers très-riches. Elles se multiplièrent
tellement depuis, que, vers la fin du règne de Louis XV,
ou comptait plus de 15,000 voitures de toute espèce à
Paris seulement.

C'est à un nommé Sauvage qu'on doit, vers le milieu
du XVII.e siècle, l'établissement des voitures publiques.
Messieurs de Villermé et de Givry obtinrent le privilége
exclusif de louer, à Paris, les carrosses, les grandes et
petites carrioles, dans lesquelles on ne payait que cinq
sous; d'où leur vient le nom de carrosses à cinq sous.
Ceux à un prix déterminé par heure ou par course leur
succédèrent en 1662. Le carrabas ou char-à-banc, et
les voitures connues sous une dénomination si triviale,
allaient de Paris à Versailles. Le carrabas était d'osier,
d'une forme longue et propre à contenir vingt personnes;

attelé de huit chevaux, il mettait six heures pour faire quatre lieues et demie. Les autres carrosses paraissaient moins incommodes quoique ouverts à tous les vents.

Plus tard, en 1766, le nombre des coches avait beaucoup augmenté ; il en partait chaque jour 27 de Paris, contenant 270 personnes. Aujourd'hui, il part habituellement de la capitale 300 voitures et 3000 voyageurs. A la même époque on comptait 14 établissemens de roulage : ce nombre s'élève à présent à 70.

Quant au nombre des voitures, il s'est considérablement accru, tant dans les provinces qu'à Paris où on en remarque de toutes les formes. Celui des fiacres (1) ou voitures de place est de 3000, et l'on porte à 2000 celui de cabriolets. Il serait inutile de détailler ici les facilités offertes au public pour voyager sur tous les points du royaume. Paris est le centre où viennent aboutir les entreprises multipliées qui s'élèvent chaque jour dans toutes les villes des provinces. Les voitures qu'on emploie à ces divers services, rivalisent entr'elles de goût et de commodité : elles contiennent assez ordinairement 18 ou 20 voyageurs. Quant à leur marche, elle acquiert chaque jour plus d'accélération. Les prix varient en raison de la concurrence.

Les malles-postes et les messageries (2) royales se distinguent particulièrement entre toutes ces entreprises.

La première chaise de poste parut en 1664. On en attribue l'invention à un nommé Grugère. Le privilége exclusif en fut accordé au marquis de Crenan, dont le nom, pour cette raison, fut donné à ces sortes de voitures. Elles ne furent pas long-tems en usage à cause de leur pesanteur, et on les remplaça par celles construites sur le modèle des chaises allemandes.

---

(1) Ce mot vient du nom d'un moine du couvent des Petits-Pères, qui s'appelait Fiacre, mort en odeur de sainteté. La vénération qu'on lui portait allait si loin, que chacun voulait avoir son effigie et qu'on la peignait même sur les portières des carrosses de place, d'où leur est venu le nom de fiacre.

(2) On appelle aussi, dans la capitale, messagerie à cheval, les chevaux qu'on fournit aux voyageurs, et que le messager en chef de la cavalcade, suit dans un chariot chargé de leur bagage, en leur indiquant les lieux de la dînée et de la couchée. On fait à peu près 16 ou 18 lieues par jour, en trouvant à chaque lieu de repos les repas préparés. Cette manière de voyager est peu dispendieuse.

Jusqu'en 1663, la poste n'avait rapporté aucun revenu au roi, car on ne pouvait considérer comme tel la vente des charges et du privilége accordé depuis peu d'années aux officiers des postes, de percevoir les ports de lettres à leur bénéfice. Cet avantage s'était considérablement accru par les améliorations successives qu'on ne cessait d'introduire dans un service si favorable aux intérêts des particuliers. Le marquis de Louvois, ministre de la guerre dès 1654, venait d'être élevé (1) à la charge de surintendant général des postes. Ce ministre jugea qu'il était tems de faire tourner, au profit du Roi, les produits d'une institution entretenue à ses dépens, sans, pour cela, en changer la nature. Et parce que les postes augmenteraient les revenus du trésor royal, il n'entra pas dans les vues d'un ministre de Louis XIV, appelé à les diriger, de les considérer à l'avenir comme créées dans ce but.

Loin de subir les suites funestes d'un pareil système, nous voyons les postes au contraire s'élever davantage, s'il est possible, par le caractère de stabilité et d'indépendance que leur imprime le marquis de Louvois, sous la direction duquel tous les élémens qui les constituaient, liés avec plus d'ordre, en ont formé cette administration importante, l'objet encore de l'admiration de toute l'Europe.

Le nouveau mode introduit dans les postes s'opéra sans secousse par l'esprit de justice qui en prépara la transition; et les intérêts des titulaires furent réglés avec sagesse et discernement. Comme on ne pouvait encore subir les chances d'une gestion compliquée, le marquis de Louvois pensa que l'expérience était le seul moyen de s'éclairer dans ces grandes mesures que le tems amène; et, pour y parvenir, il proposa au Roi de mettre les postes en ferme (2) : ce projet ayant été

---

(1) 1668.
(2) Le système des fermes, tant décrié de nos jours, ne devait cependant diminuer en rien la confiance dont les postes jouissaient. Elles tenaient ce précieux avantage de l'esprit de paternité avec lequel elles étaient constamment dirigées. Ce régime attachait tellement les officiers des postes à leurs emplois, qu'ils semblaient les regarder comme un héritage de famille. On en trouverait encore qui

approuvé, Lazare Patin fut reconnu, par le premier
bail de 11 ans montant à 1,200,000 fr., fermier général
des postes de France.

Les courriers n'étoient chargés, dit Mezeray (1), *que
des affaires du Roi, aussi couroient-ils à ses dépends.*
On ne prétendait, et cela est positif, retirer d'autre
avantage des postes que celui de correspondre avec
célérité, et de voyager rapidement.

Maintenant, ajoute le même auteur, *les courriers
portent aussi les paquets des particuliers, si bien que,
par l'impatience et la curiosité des François, il s'en est
fait un avantage encore plus grand pour les coffres du
prince que pour la commodité publique.*

Une telle conséquence, malgré l'erreur évidente
qu'elle renferme, serait encore loin de porter la moindre
atteinte au principe qui régit les postes ! La société réclamait une institution ; elle est établie et mise en harmonie avec ses besoins. Tout s'anime par elle : les relations se multiplient; le commerce est vivifié ; les sciences
et les arts sont répandus ; et bientôt l'agriculture, qui
ne fructifierait que sur quelques points favorisés par
leur position géographique, porte, dans les lieux destinés peut-être à n'en jouir que tardivement, les procédés les plus utiles éprouvés par l'expérience.

Semblables à ces sources bienfaisantes qui donnent
naissance aux fleuves auxquels le sol doit sa fécondité,
les postes sont ce germe précieux de prospérité qui, en
se développant, multiplie ses trésors avec une étonnante profusion. Leur influence est telle qu'on ne pourrait la comprimer sans danger. Elles existaient en entraî-
nant de grandes dépenses : elles existeraient encore indépendamment des produits qu'on en retire, et que
les bienfaits qu'elles répandent depuis leur existence
ont successivement accrus. On ne reconnaît point un

---

pourraient puiser, dans de vieux souvenirs, de nouveaux titres à
l'estime générale. Certes, l'intérêt n'était pas le seul mobile qui faisait tenir à ces places, la plupart peu lucratives : la considération
qui ne manque jamais d'être la récompense d'une conduite honorable,
explique assez le prix que mettaient même des personnes de distinction à gérer un bureau de poste qui rendait à peine trois cents
francs, ou un relais de peu de valeur.

(1) Histoire de France.

impôt à ce caractère ; quoique créé , annulé ou modifié
sous une dénomination quelconque , son but est de
produire : son action cesse dès que cette seule condition
n'est pas remplie ; tandis que les postes , dont les attributions n'ont d'analogie avec aucune autre institution ,
privées de ce résultat, continuent d'imprimer le même
mouvement au corps social. Il est naturel de faire retourner à l'avantage du trésor l'excédant des recettes
qu'elles produisent , après avoir épuisé toutefois les
moyens d'améliorations directs ou indirects qui s'y rattachent : il était juste même que le fisc fût à l'abri de
toute malversation. Mais où est la garantie de la société ,
en admettant comme possible la soustraction de quelques
missives ? L'argent remplace l'argent ; les marchandises
et tous les objets industriels en circulation dans le commerce , ont une valeur appréciable ! quelle compensa-
tion offrirait-on pour la perte de titres importans , de
pièces dont dépendent l'honneur et la fortune des individus ; pour la violation du secret des familles , de l'é-
tat même ? Les postes ont donc un caractère moral qui
constitue leur indépendance. Elles semblent être une
exception dans l'ensemble du grand système social. Ce
principe reconnu par le prince qui les a instituées, et
consacré par nos rois qui les ont conservées sous leur
protection , en communiquant sans intermédiaire avec
les hommes d'état auxquels ils en confient spécialement la direction , a seul contribué à leur maintien et
les préservera de toute décadence.

A peine le fermier fut-il en jouissance de son privilége
que le transport frauduleux des lettres et paquets qui
avait lieu par l'entremise des personnes étrangères aux
postes, le contraignit de demander la résiliation de son
bail ou la répression d'abus qui le mettaient dans l'impossibilité de remplir les engagemens qu'il avait con-
tractés. On fit droit , en 1673 , à une si juste réclamation
dans les termes suivans, qui rappelaient ceux de l'édit
de 1630 :

*Très expresses inhibitions et défenses à tous maistres
et fermiers de carrosses, cochers , muletiers , rouliers ,
voituriers , cocquetiers , poullailliers , beurriers , pié-
tons et autres , tant par eau que par terre , de porter
aucunes lettres de quelque sorte et nature que ce soit ,*

*à l'exception seulement des lettres de voiture, des mar-
chandises et hardes dont ils seront chargés, malles non
fermées, ni cachetées ; et à tous messagers d'avoir
aucuns bureaux, tenir aucune boëte, recevoir, porter
aucunes lettres et paquets etc. ; contre chacun des con-
trevenants de 1500 livres d'amende payables franc de
port, en vertu du présent arrest, sans qu'il en soit
besoin d'autre, et confiscation des chevaux, mulets et
équipages, dépens, dommages et intérêts.*

On apporte, en 1676, quelques modifications au tarif
établi pour la taxe des lettres.

Le 2.ᵉ bail (1) des postes est porté à 1,800,000 fr.

Le 3.ᵉ bail (2)   idem   à 1,400,000 fr.

L'ordre que le marquis de Louvois avait établi dans
les postes, fit réduire, à sa mort (3), l'office de la
surintendance générale des Postes à une simple commission.

M. le Pelletier, conseiller d'état, lui succède.

Le 4.ᵉ bail (4) des Postes s'élève à 2,820,000 fr. Cette
augmentation provient des adjudications faites partielle-
ment, et de la ferme des messageries étrangères qu'avait
possédées le marquis de Louvois.

M. Arnaud de Pompone, ministre secrétaire d'état,
remplace, en 1698, M. le Pelletier.

Le 5.ᵉ bail des Postes est au même prix que le précédent.

En 1699, M. de Colbert, marquis de Torcy (5), secré-

---

(1) 1683.
(2) 1688.
(3) 1699.
(4) 1695.
(5) Commandeur et grand trésorier des ordres. C'est de lui dont
parle Duclos, lorsqu'il rapporte la réponse pleine de fermeté qui fut
faite à lord Stairs, ambassadeur d'Angleterre à la cour de France. Le
Roi (Louis XIV), dit-il, *refusa de donner audience à ce dernier et
le renvoya, pour les affaires, au marquis de Torcy, dont Stairs reçut
une leçon assez vive.*

*Croyant pouvoir abuser du caractère doux et poli du ministre, il s'é-
chappa un jour devant lui en propos sur le Roi. Torcy lui dit froidement:
M. l'ambassadeur, tant que vos insolences n'ont regardé que moi, je les
ai passées pour le bien de la paix ; mais si jamais en me parlant vous
vous écartez du respect qui est dû au roi, je vous ferai jeter par les fenê-
tres. Stairs se tut, et de ce moment fut plus réservé.*

taire d'état au département de la guerre, est nommé
surintendant-général des Postes. Il devait en conserver
pendant long-tems la direction ; aussi reçurent-elles sous
lui de nombreuses améliorations. Il continuait le système
de M. de Louvois; il faisait plus, il le consolidait, en se
montrant digne d'occuper une place aussi importante.

Le parlement enregistra l'édit pour la surintendance
des Postes, en faveur ｜du marquis de Torcy, et celle
des bâtimens en faveur du duc d'Antin, qui avait suc-
cédé à Mansard, surintendant-général des bâtimens, en
qualité de directeur général. L'enregistrement souffrit
beaucoup de difficultés, parce que l'édit de suppression
portait qu'elles ne pourraient être rétablies ; les *gages* qui
étaient attachés à chacune montaient à près de 50,000 fr.

Nous avons indiqué, suivant leur ordre de création,
toutes les parties qui entrent dans l'organisation des Postes.
L'affranchissement des lettres, c'est-à-dire la liberté et
souvent l'obligation d'en acquitter le port d'avance, existait
depuis long-tems, et même avait été toujours en usage
pour certains lieux. Cette mesure n'était pas uniforme.
Il en résultait un préjudice notable pour les négocians
dont les avantages réciproques ne pouvaient être balan-
cés en ce cas. Les députés du commerce firent, en 1701,
des représentations au roi, qui, en les conciliant avec
les intérêts du fermier général des Postes, supprima
l'affranchissement pour les lettres qui y étaient assujetties
dans le royaume, et ordonna que les lettres et paquets
seraient taxés d'après le dernier tarif. Cette mesure ne
s'étendit pas à celles destinées pour l'étranger.

Le 6.ᵉ bail (1), fait pour 3 ans, est de 3,200,000 fr.

Les anciens tarifs furent supprimés, comme n'étant
plus dans la proportion des frais qu'exigeaient les
améliorations nouvellement introduites dans le service,
tant à cause des distances, que du poids de l'once qui
était égale à six lettres, lorsqu'on ne l'avait réglé que
sur le pied de trois. Celui qu'on établit en 1703 parut
plus conforme aux intérêts des postes, et portait, entr'autres articles, que les lettres et paquets seraient
payés suivant le poids des villes où existaient les bu-

(1) 1703.

8

reaux, et que les distances (1) des lieux seraient comptées d'après le nombre des postes établies sur les routes
que devaient suivre les courriers : la franchise n'avait
pas reçu d'extension.

Le droit à percevoir sur les articles d'argent et les
valeurs cotées n'était pas réglé sur une base fixe; il
fut porté à un sou pour livre, taux auquel il est resté
jusqu'à ce jour.

Le prix des chaises de poste, de Paris à Versailles,
est fixé par les réglemens à 7 liv. 10 sous.

L'usage de voyager en poste par les voitures dites
berlines, inventées par Philippe Chieze, premier architecte de Frédérick Guillaume, électeur de Brande-
bourg, fut défendu. La pesanteur de ces lourdes voitures avait démonté la plus grande partie des relais.
Cette sage mesure suspendit l'effet d'un mal que le
tems et de grandes précautions pouvaient seuls réparer.
Le 7.ᵉ bail (2) a lieu pour 3 millions.

Le 8.ᵉ bail (3), quatre ans après, est porté à 3,800,000 fr.

L'état florissant auquel les postes étaient parvenues
pendant le siècle de Louis XIV, laissait peu de changemens à y introduire sous celui de son successeur.
Quoique cette époque, où l'on mit en vigueur beaucoup
de mesures réglementaires, ne paraisse pas si féconde en
améliorations, le comte d'Argenson, ministre et secrétaire
d'état au département de la guerre, grand-maître et
surintendant-général des postes et relais, ne contribua
pas peu à les soutenir avec le même éclat que sous ses
prédécesseurs. Il défend, par un arrêté, de donner des
chevaux aux courriers pour les lieux où le Roi fixe sa
résidence : il est à remarquer que, par la dénomination
de courrier, on entend tout voyageur qui se sert de
la poste.

L'Université de Paris avait joui de tout tems, par
un privilége particulier, du droit de messageries et de
poste ; le Roi, en le lui retirant, en 1719, lui accorda

---

(1) Au côté gauche de la façade de Notre-Dame, est un poteau
triangulaire qui indique le point central d'où l'on commence à
compter les distances sur les différentes routes qui aboutissent à Paris.
[2] 1709.
[3] 1713.

pour indemnité le 28.ᵉ du bail général des postes, montant à 120,000 fr. : cette somme était destinée à subvenir aux frais de l'instruction que l'Université faisait gratuitement.

Tant que les postes ne furent pas établies de manière à satisfaire tous les besoins, il était naturel de tolérer un moyen qui favorisait à la fois l'intérêt de l'Université et celui de la société. Mais il eût été impolitique de laisser subsister plus long-tems une entreprise de cette nature, en opposition avec le service de l'état. Il est évident que, dans ce cas, toute concurrence en entraverait la marche et en compromettrait même l'existence. Le Roi fit donc une chose utile, en ôtant ce privilége à l'Université, et un acte de justice, en l'indemnisant de la perte qu'il lui faisait éprouver. Était-il convenable, d'ailleurs, qu'un corps, destiné à propager le goût des sciences et des belles-lettres, continuât une exploitation si peu en rapport avec ses attributions et son indépendance. Si l'Université s'était soutenue long-tems par ce moyen, il était de la dignité des successeurs de Charlemagne et de François I.ᵉʳ de la protéger et d'être leur seul appui à l'avenir.

Le 9.ᵉ bail est renouvelé, en 1721, pour 3,446,743 liv.

On remet en vigueur les ordonnances sur les passe-ports.

Le 10.ᵉ bail est porté, en 1729, à 3,946,042.

Le 11.º ne subit pas d'augmentation en 1735.

Une ordonnance règle le service des courriers, leur marche sur les routes, et les droits et frais à leur charge.

Comme il arrivait souvent que les voyageurs prétendaient être servis aux relais avant les courriers et les messageries, et que, pour y parvenir, ils employaient la ruse et quelquefois la force, il fut ordonné aux maîtres de poste de ne céder à aucune menace, et on leur renouvela l'assurance d'une protection spéciale contre toutes les prétentions qui pourraient s'élever à l'avenir à cet égard.

Le 12.ᵉ bail, en 1738, fut fait en régie pour le compte du Roi, dans l'intention d'avoir une connaissance exacte des produits des postes et messageries. Des lettres patentes augmentèrent ce bail de 1500 fr., parce qu'on réunit aux postes le privilége qu'avait le prince de Lorraine, de fournir des litières dans toute l'étenduc du royaume, excepté le Languedoc et la Bretagne, dont il se réserva la jouissance.

Le 13.ᵉ bail est passé pour six années, à Carlier, en 1739, moyennant la somme de 4,521,400 fr.

La première poste, à la sortie des villes de Paris, Lyon, Versailles et Brest, est considérée comme poste royale et doublée par ce motif.

Les maîtres de poste, en 1740, sont autorisés à ne conduire aux relais étrangers qu'en se faisant payer d'avance et sur le pied de monnaie étrangère. Ils sont également autorisés, plus tard, à fournir des chevaux pour les routes de traverse, au prix qu'il leur conviendra d'exiger, sans pouvoir y être contraints dans aucun cas.

Le 14ᵉ bail, de la durée de 10 années, est renouvelé en 1744, au même prix que le précédent.

Pour remédier à l'inconvénient des lettres mal adressées, il fut réglé, en 1749, que toutes celles qui ne pourraient pas parvenir à leur destination, seraient renvoyées au bout de trois mois dans les villes d'où elles étaient parties, afin que ceux qui les auraient écrites n'en recevant pas de nouvelles fussent à portée de réclamer celles qu'ils auraient intérêt de retirer ou pussent leur donner une meilleure adresse.

Le 15.ᵉ bail, en 1750, monte à 4,801,500 fr.

La publication du premier dictionnaire des Postes connu, a lieu en 1754. Il est dédié par M. Guyot, son auteur (1), au comte d'Argenson, surintendant-général des

─────────

[1] Le même auteur, en 1782, en fit paraître un autre en deux volumes, sous le titre de dictionnaire géographique et universel des Postes. Il en existe un plus moderne, déjà à sa deuxième édition, par M. Chaudouet et Lecousturier l'aîné. L'utilité de cet ouvrage est trop généralement reconnue pour qu'il ait besoin de nos éloges. Le second de ces auteurs fait paraître annuellement un petit livre pour le départ des courriers de Paris, qui offre des renseignemens précieux, et qui devient indispensable pour toute personne qui veut profiter des avantages de la poste, pour la correspondance journalière.

L'état des postes en France, qui paraît annuellement, est exclusivement destiné à tout ce qui est relatif à la poste aux chevaux. Il convient de le consulter lorsqu'on voyage, par les indications précises et le règlement qu'il renferme.

M. Gouin, administrateur des Postes, a publié un essai historique

Postes. Cet ouvrage était d'autant plus utile, qu'on n'avait encore recueilli, jusqu'à cette époque, aucun document propre à guider les officiers des Postes dans la direction à donner aux lettres.

Le 16.e bail des Postes s'élève, en 1756, à 5,001,500 fr.

Les excès auxquels on s'était porté envers les postillons, provoquent une ordonnance relative aux peines qu'encourront ceux qui se rendront coupables, à l'avenir, de mauvais traitemens à leur égard.

La déclaration du Roi, du 17 juillet 1759, remet en vigueur tous les édits rendus sur le service des Postes. On y remarque, entr'autres articles, ceux concernant les chargemens, les dépôts d'argent, le tarif pour la perception du port des lettres établi sur des bases nouvelles, et le réglement sur les relais. L'ordre, la célérité et la sécurité que la correspondance retire de ces améliorations rangeront cette époque au nombre de celles auxquelles les Postes sont redevables de quelque perfectionnement.

---

sur les Postes. Personne, mieux que lui, n'était en état de traiter un pareil sujet. Les services qu'il a rendus à cette administration dans la longue et honorable carrière qu'il a parcourue, et la noble et loyale conduite qu'il a tenue au milieu de nos troubles politiques, l'avaient mis à même de juger sainement tous les événemens et les variations qui s'y rattachent. L'apparition de son ouvrage à l'instant où nous achevions le nôtre, commencé depuis plusieurs années, nous eut imposé l'obligation de le suspendre, malgré le travail qu'il nous a coûté et les recherches longues et souvent fastidieuses auxquelles nous nous sommes livré, s'il fut entré dans le plan de M. Gouin, d'embrasser l'histoire générale des postes. Mais son essai, plus particulièrement destiné à faire connaître les améliorations successives survenues dans les produits des postes, depuis la mise à ferme de ce domaine royal, et l'avantage des nouvelles mesures introduites pour donner plus d'activité à ce service, n'ayant pas pour but celui que nous nous sommes proposé, nous avons dû continuer notre entreprise. Nous lui devons les renseignemens relatifs au prix des baux, et nous regrettons que M. Gouin ne se soit pas étendu davantage sur un sujet qui eut pris sous sa plume un si haut degré d'intérêt.

Tels sont les ouvrages sur les postes parvenus à notre connaissance, au nombre desquels nous devons comprendre un recueil d'édits, dont nous avons extrait quelques passages pour motiver nos citations. Il nous a semblé, d'après cela, que nous ferions une chose utile en recueillant tous les matériaux possibles, tant sur les moyens de correspondre dans l'antiquité et chez les peuples modernes, que sur la manière de voyager, en usage dans toutes les contrées connues : le motif seul peut faire excuser la difficulté de l'entreprise.

L'ardent amour du bien public, qui avait inspiré
tant de projets utiles à M. Charles Humbert Pierron de
Chamousset (1), lui fit naître l'idée de la petite-poste. Le
service, devenu de jour en jour plus actif et plus régulier, et la multiplicité des relations dont Paris était
le point central, exigeaient un mode nouveau et prompt
de recevoir et d'expédier les missives de la capitale. La
difficulté de se rencontrer dans une ville si populeuse,
le tems perdu à de vaines recherches, tout faisait
sentir la nécessité d'une mesure qui procurât les moyens
d'y correspondre avec célérité. M. de Chamousset, qui
avait mûri cette idée, fit part de ses vues. On en reconnut
les avantages, et le projet d'un homme de bien fut ac-
cueilli favorablement : on fit plus, on le réalisa. La
petite-poste fut organisée, d'après son plan, dans l'intérieur de Paris, où cent dix-sept facteurs (2) faisaient
journellement ce service. Elle fut d'abord en régie,
et on la réunit par la suite à la ferme générale. Cette organisation, comme toutes les institutions naissantes,
a dû éprouver divers changemens avantageux. Les plus
notables ont été introduits par M. le duc de Doudeauville. Sept distributions ont lieu en été et six en hiver.
Par ce moyen, si l'on observe les heures indiquées par
les affiches, on peut obtenir la réponse et même la
réponse de la réponse aux lettres écrites dans la journée.

Il existait autrefois en Italie, si l'on en croit Au-
dibert (3), une petite-poste d'un genre différent, qui avait

---

(1) Les œuvres de M. de Chamousset, maître des comptes, né
à Limoges, ont été recueillies, en 2 volumes, par l'abbé Cotton de
Houssays. On y distingue des mémoires intéressans sur la poste aux
chevaux, les roulages et les messageries.

(2) Il n'est peut-être pas hors de propos de parler de l'intelligence
et de l'activité de ces agens, tant à Paris que dans les provinces. Le
trait suivant en est une preuve. Un facteur de la grande poste,
nommé Jean Gourget, dit Saint-Jean, gagea qu'il irait, les yeux
bandés, de l'école militaire à la grande poste, rue Plâtrière. Il passa
l'eau à la place Louis XV, dans un bateau qu'il alla chercher lui-
même, sans le secours de la voix ni du batelier. Parvenu aux galeries
du Louvre, il indiqua la sonnette de l'imprimerie royale ; et, dans
la rue Froidmanteau, il s'arrêta vis-à-vis un marchand de vin dont il
était connu et demanda à se rafraîchir. Il était suivi de ceux qui
tenaient le pari, et en gagna le prix sans opposition.

(3) Auteur des curieuses recherches sur l'Italie.

aussi ses messagers d'une espèce toute particulière et
non moins d'activité. C'étaient les vendeurs de poulets
qui portaient les billets doux aux femmes. Ils glissaient
ces billets sous l'aile du plus gros, et la dame, avertie,
ne manquait pas de le prendre, en ne donnant jamais
le tems aux argus de se saisir du courrier innocemment
contrebandier. Ce manége ayant été découvert, le premier messager d'amour qui fut pris, fut puni de l'es-
trapade, avec des poulets vivans attachés aux pieds.
Telle est l'origine du nom de poulet donné aux billets
doux.

L'établissement de la petite-poste aux lettres, en
France, a donné, dans ces derniers tems (1824), l'idée
des petites messageries (1) dans Paris, pour les effets et les
marchandises. Il y a long-tems que plusieurs capitales
de l'Europe participent à cet avantage par le moyen de
la poste aux lettres. Ce nouveau service, quoiqu'orga-
nisé sur les mêmes bases, n'en est aucunement dépendant. Les motifs qui ont rendu l'usage de la petite-poste
si nécessaire, ont sollicité celui des petites messageries
dans le but d'établir un service régulier, célère, économique et responsable, dont l'objet est de transporter,
d'un quartier de Paris à l'autre, les effets, articles et
commissions de toute espèce ; et les marchandises de gros
poids déplacées et mises en circulation par le commerce.

Un nombre suffisant de bureaux de dépôt établis dans
les rues et les places les plus fréquentées, ainsi que les
boîtes pour la petite-poste, reçoivent continuellement,
contre des récépissés imprimés et à talons, tous les
paquets et articles, jusqu'au poids de 25 livres qui y sont
remis avec des adresses attachées aux articles.

Les facteurs, dans le cours de leurs tournées, reçoivent aussi, contre de semblables récépissés, les articles jusqu'à 25 livres pesant, qu'on leur donne de la
main à la main sur leur passage, qu'ils annoncent par
le son d'un cor, comme à Londres les bellman le font
par le son d'une cloche.

Les articles de poids sont recueillis à domicile.

---

(1) La direction générale est rue de Seine-Saint-Germain,
n.° 12, Hôtel-de-la-Rochefoucauld.

Des voitures attelées, bien couvertes, font trois fois par jour la levée des dépôts et pareil nombre de distributions. Dans la belle saison, ce nombre est porté à quatre.

Il y a en même tems un service de *gamionage* pour le transport des marchandises de volume et de gros poids.

Chaque article, jusqu'à 25 livres, paie 35 centimes ; de 25 à 100, 45 centimes ; de 100 à 200, 55 centimes, etc. On a la facilité d'affranchir les envois.

En cas de perte des articles dont la valeur n'aura pas été déclarée, la compagnie remboursera 20 francs pour chaque article qu'on ne pourra représenter ; elle répondra de la valeur entière, lorsqu'elle aura été déclarée, mais alors le prix de transport y sera proportionné.

Il est facile de voir, par cet exposé, le rapport qu'il y a entre les petites messageries et la petite-poste. Ce rapprochement suffira pour motiver les raisons qui nous ont fait entrer dans des détails que nous ne croyons pas sans intérêt pour le lecteur.

En 1761, les postes sont mises en régie pour le compte du roi. On règle aussi les prix que doivent payer les courriers de cabinets et de dépêches.

En 1764, le 18.ᵉ bail, toujours avec les messageries en litière, monte à 7,113,000 francs.

Malgré l'augmentation successive survenue dans la ferme des postes, depuis la cession faite par l'université, à raison du 28.ᵉ sur les produits qui en proviendraient, l'indemnité primitive n'avait point subi de changemens. Ce corps, en 1765, exposa, par une requête au roi, les droits et les priviléges sur lesquels cette réclamation était si justement fondée.

Le 19.ᵉ bail, renouvelé en 1770 pour neuf ans, s'élève à 7,700,000. Les fermiers sont tenus de faire un cautionnement. Cet usage, introduit pour assurer les droits du gouvernement, est devenu depuis une clause obligatoire de tous les engagemens de ce genre.

L'établissement d'une caisse, destinée au soulagement des courriers, a lieu en 1772. Elle est formée de la retenue du tiers du prix qui leur revient par course. Cette idée sage et prévoyante fut inspirée par un sentiment bien digne d'éloges pour cette classe d'hommes

employés à un service toujours fatigant et souvent
périlleux (1).

On devait, par suite de ces vues bienfaisantes, en
étendre les avantages à tous les agens des postes auxquels
on fait subir des retenues qui ont varié, et qui sont
fixées aujourd'hui à cinq pour cent du montant des appointemens.

Ainsi, par l'effet d'un léger sacrifice, l'homme labo-
rieux voit sans crainte l'avenir qui l'attend au bout d'une
carrière longue et honorable. Si elle ne lui a pas offert
des chances de fortune, du moins, lorsque le tems du
repos, souvent pour lui celui des infirmités, est arrivé,
il recueille avec reconnaissance les fruits d'une mesure
dictée par une prévoyance toute paternelle.

La place de surintendant-général des postes, après la
mort du marquis de Torcy (1746), qui avait sous lui un
contrôleur-général, avait été donnée au comte de Voyer
d'Argenson, ministre de la guerre.

---

[1] La vie du courrier est active, pénible même. Il voyage sans cesse
et n'a d'autre habitation que sa voiture : c'est dans cette mobile machine que s'écoule son existence. Il est partout et ne se fixe nulle
part. A peine a-t-il atteint le terme de sa course, qu'il retourne
aussi rapidement aux lieux qu'il a quittés, pour en repartir de nouveau avec la même vitesse. Le sommeil l'accable-t-il, il ne peut
s'y livrer, malgré la fatigue qui le provoque. Là, c'est un relais où
il change de chevaux ; ici, un bureau de poste où il remet et reçoit
des dépêches. Ces interruptions sont tellement répétées, que, dans un
trajet de cent lieues, par exemple, qui doit être fait en moins de
quarante heures, il trouve souvent dix bureaux de poste et vingt-
cinq relais. Combien de circonstances encore ne contribuent-elles pas
à multiplier ces incidens. Tout ce que la nature oppose d'obstacles
doit être vaincu : il brave l'intempérie des saisons et les ténèbres de
la nuit ne l'arrêtent pas dans sa marche. Sa prévoyance ne peut être
en défaut pour remédier même aux événemens indépendans de sa
volonté.

Sa surveillance tient à sa responsabilité ; son activité, à la célérité
de son service ; son extrême probité s'explique par la confiance qu'on
lui porte, et la discrétion lui est imposée comme un devoir. Non-
seulement il remet avec un soin scrupuleux les dépêches qu'il a reçues, il les défend, même au péril de sa vie, s'il est attaqué. C'est
dans ces luttes inégales qu'il montre un courage qui le fait souvent
triompher du nombre et sauver le dépôt sacré, confié à sa fidélité, par
tous les moyens qui sont en son pouvoir. Que d'actions éclatantes at-
testeraient qu'il n'est aucun dévouement dont il ne soit capable, et
que d'exemples prouveraient qu'il n'est aucun devoir dont il n'observe l'accomplissement avec une religieuse exactitude.

9

Le duc de Choiseul, aussi ministre de la guerre, lui
succéda. Il avait également sous lui un intendant-général, dont les attributions étaient les mêmes que celles de
contrôleur-général. Il n'y avait de changement que dans
la dénomination de cet emploi, qui réunissait, par le
fait, toutes les prérogatives attachées aux postes. Il donnait le droit de travailler seul avec le Roi, et d'entrer
chez Sa Majesté à toute heure du jour ou de la nuit.
M. Jannel, qui s'était distingué dans plusieurs circonstances, occupait cette place sous le duc de Choiseul.
Voici comme Duclos s'exprime à son égard : *M. le Duc*
(*c'est ainsi qu'on désignait le duc de Bourbon, ministre*
sous le régent), *pleinement rassuré, oublia que c'était*
aux conseils de M. Jannel qu'il devait d'avoir prévenu
une sédition par rapport aux grains, et eut honte d'avoir
eu et surtout montré de la peur. Il ne sut pas distin-
guer un malheur prévenu d'un malheur imaginaire. Ses
affidés lui exagérèrent les sacrifices qu'ils avaient faits
pour obtenir des dédommagemens, et il fit expédier une
lettre de cachet pour le mettre à la Bastille. L'ordre en
fut bientôt révoqué, parce qu'on en sentit l'injustice,
et on avertit Jannel d'être plus discret, au hasard d'être
moins utile.

Au commencement du règne de Louis XVI, M. Turgot,
ministre d'état au département des finances, devint,
en septembre 1775, surintendant-général des postes, et
refusa les émolumens attachés à cette place.

Il est à remarquer que jusqu'à lui les ministres de la
guerre avaient été seuls en possession de cette charge ;
ce qui prouverait, s'il en était besoin, qu'on la considérait comme tout-à-fait étrangère aux finances, puisqu'on n'avait jamais songé à l'y rattacher. Mais M.
Turgot, qui méditait de grandes réformes, sans at-
tenter aux prérogatives des postes, chercha, en les
amenant sous son influence, à les rendre favorables à
ses projets. Il les réunit, pour cet effet, aux messageries
royales, par les édits des 7 et 14 août 1775.

En combinant ces deux services, il espérait pouvoir
parvenir à faire transporter les lettres par les messageries,
en un seul jour, au moins à 30 lieues à la ronde de
Paris, terme où les courriers de la malle les auraient
reçues pour les transmettre sur tous les points du royaume.

L'économie qu'on aurait retirée de cette mesure, et que le ministre avait particulièrement en vue, ne compensait aucun des graves inconvéniens qu'elle entraînait. Où elle existait réellement, c'était dans les avantages que les messageries procureraient de conduire les fonds avec sûreté, rapidité et sans frais, ou des recettes particulières au chef-lieu, ou d'une province à l'autre, ou des provinces à Paris, ou même, enfin, de Paris aux provinces, comme cela se pratique encore aujourd'hui.

M. Turgot, qui avait conçu de grands projets sur la construction et l'entretien des routes, qui se rattachent si essentiellement aux postes, y aurait porté, sans doute, cet esprit d'économie si peu en rapport avec les ouvrages d'une nation qui veut travailler pour la postérité. Tout en cédant à cette idée si louable qui le dominait, il favorisait les postes sur quelques points, en se proposant de faire observer rigoureusement les distances de quatre lieues entre chaque relais, soit qu'on les eût négligées, ou qu'elles n'eussent pu être gardées par des considérations locales difficiles à surmonter dans l'origine. Il devait, en outre, donner l'inspection des routes aux maîtres de poste intéressés à leur entretien. Aux avantages que leur eût procuré le traitement attaché à cette nouvelle attribution, se seraient joints ceux qui résultaient nécessairement d'une surveillance qui eût contribué si puissamment à la prospérité des relais.

Au reste, M. Turgot ne voyait dans la réunion des postes aux messageries qu'une considération secondaire, celle d'une augmentation de recettes, ou, plus exactement, une diminution dans les dépenses qu'il évaluait devoir être, par la suite, de quatre millions.

Quant aux priviléges accordés précédemment pour droits de carrosses, de diligences et de messageries, le roi, en y rentrant exclusivement, ne fit qu'user de la faculté qu'il s'était réservée en les concédant. Les fermiers qui ne pouvaient l'ignorer, quoique traités avec justice dans tous les réglemens qu'entraînait cette mesure, ne la trouvèrent pas moins très-rigoureuse, par la privation soudaine d'avantages qu'elle leur enlevait et à laquelle ils étaient loin de s'attendre. Ils furent, pour le trésor royal, de 1,500,000 fr. auxquels on porta la ferme des messageries. Le soin des gouvernemens, dans les changemens qu'amènent les circonstances pour les rendre favorables à la société, doit être de les opérer doucement, afin de concilier tous les intérêts.

L'établissement de voitures (1) à 4, 6 ou 8 places, commodes, légères et bien suspendues, pour partir à jours et heures réglés, fut ordonné sur toutes les grandes routes du royaume. Un autre arrêt prescrivait la marche à suivre pour l'administration des diligences et messageries, et le tarif des ports à payer, soit pour les places dans les diligences, soit pour le transport des *hardes*, de l'*argent* et autres *effets*.

Le baron d'Ogny, intendant-général des postes, jouissait, comme M. Jannel, son prédécesseur, des mêmes priviléges. M. de Clugny remplace M. Turgot dans la surintendance des postes.

Le 20.e bail, pour un an, pendant 1776, monte à 8,790,000. Cette augmentation est fondée sur la réunion des divers priviléges des carrosses, coches d'eau et messageries, à la ferme des postes.

Le 21.e bail est en régie pour compte du roi, moyennant 10,400,000 fr. Les six administrateurs qui en sont chargés fournissent un cautionnement de 4,800,000.

Une ordonnance du roi, rendue en 1779, augmente la masse des retenues du produit du livre de poste publié, jusqu'à ce jour, au profit d'un étranger.

Afin de prévenir la perte des lettres maladressées, il fut réglé, en 1781, qu'elles seraient renvoyées dans les bureaux dont elles portaient le timbre, pour faciliter les réclamations. Cette mesure eut lieu en même-tems pour les lettres refusées faute d'affranchissement. Dans le premier cas elles devaient séjourner trois mois dans les bureaux, et quatre mois dans le second.

En 1782, Dom Gauthey, religieux de l'ordre de Citeaux, soumit au jugement de l'Académie des Sciences un moyen qu'il avait imaginé pour correspondre au loin par l'emploi de signaux. Le rapport fait par le marquis de Condorcet et le comte de Milly, annonçait que *ce se-*

---

[1] M. Turgot ayant changé la forme des voitures, elles furent appelées turgotines pour cette raison. Loin d'être telles que l'édit le portait, elles étaient lourdes, incommodes et très-bruyantes.

*cret leur paraissait praticable, ingénieux et nouveau,
qu'il ne rappelait aucun procédé connu et destiné à
remplir le même objet ; qu'il pouvait s'étendre jusqu'à
la distance de trente lieues, sans stations intermédiaires et sans préparatifs très-considérables. Quant à
la célérité, qu'il n'y aurait que quelques secondes d'un
signe à l'autre ; que ces signes (1) pouvaient répondre
du cabinet d'un prince à celui de ses ministres, et que
l'appareil enfin ne serait ni très-cher, ni très-incom-
mode.*

Dans la même année, M. Linguet annonça un mémoire dans lequel il prétendait avoir trouvé le moyen
de transmettre les avis avec promptitude, et celui d'établir un idiome constant et réglé, dont la vue seule
était l'interprète, aussi rapide que docile, supérieur à
tous ceux connus dans cette poste oculaire, qui joignait
à la facilité, la sûreté, la simplicité et l'économie.

Le secret devait être impénétrable pour les agens intermédiaires, aussi étrangers à ce qui se passerait que
les courriers à l'égard des dépêches qu'ils transportent.
Ce n'était qu'aux extrémités que le mot de l'énigme
volante aurait été connu de ceux chargés d'expédier et
de recevoir les avis.

L'auteur du projet proposait d'en faire l'épreuve secrète, de Paris à Saint-Germain, en 4 minutes.

Vers la fin du XVII.e siècle, *Amontons, fameux mé-
canicien, avait inventé,* dit Fontenelle dans le rapport
qu'il fut chargé de faire de ce procédé ingénieux, *un
moyen de faire savoir tout ce qu'on voudrait à une
très-grande distance ; par exemple, de Paris à Rome,
en très-peu de tems, comme trois ou quatre heures, et
même sans que la nouvelle fut connue dans tout l'espace
qui sépare ces deux villes.*

Ces théories, qu'on regardait comme des chimères,
devaient cependant conduire, quelques années plus tard,
à des découvertes (2) et des procédés de la plus haute

---

(1) Par des moyens acoustiques qu'on parle de renouveler pour
l'établissement de télégraphes en Angleterre.
(2) Dès l'année 1763, M. Cugnot essaya, avec succès, à Paris,
de construire des voitures mises en mouvement par la vapeur.

importance. Quelques essais infructueux, ou qui ont manqué d'encouragemens, ne peuvent ôter le mérite de l'invention à leurs auteurs.

L'année 1783, le 22.ᵉ bail en régie, de 11,600,000 fr., fut confié à six régisseurs, qui donnèrent un cautionnement de 6 millions. Il leur fut accordé pour remise, droit de présence, étrennes, frais de bureaux et secrétaires, 216,000 fr., ce qui faisait 36,000 par an pour chacun. Outre cela, il leur était alloué le cinquième de tout ce qui excéderait 11,600,000 fr. de produit net, et l'intérêt du cautionnement à cinq pour cent.

En 1785, le duc de Polignac (1) est nommé directeur-

Le célèbre Aéronaute Blanchard fit, en 1779, devant la famille royale, l'expérience d'un carrosse de son invention, qui roulait très-rapidement sans le secours des chevaux. Il se proposait, par la suite, de perfectionner ces voitures, afin de les rendre propres à voyager sur les routes. On peut avoir une idée de leur construction par les détails ci-après. A la portée qu'occupe le brancard ou le timon, était un aigle les ailes déployées. C'est là qu'étaient attachées les guides, à l'aide desquelles la personne placée dans la voiture en dirigeait la marche. Derrière était un homme qui imprimait à la voiture un mouvement plus ou moins rapide, en pressant alternativement les deux pieds, ce qui ne lui causait aucune fatigue, et ce qui n'exigerait, à la rigueur, qu'un relais d'hommes. Il se tenait debout ou assis, les jambes en partie cachées dans une sorte de malle ou coffre, où les ressorts paraissaient établis.

On faisait, presqu'en même tems, sur la Seine, l'essai d'un bateau, canot ou nacelle, appelé la poste par eau, qui ne mit que quelques minutes à faire le trajet du Pont-Neuf au Pont-Royal. Ce bateau avait 18 pieds de longueur sur 6 de largeur ; il allait par le moyen d'une grande roue que tournait un seul homme et qui donnait, par cette impulsion, le mouvement à d'autres, substituées intérieurement aux roues ordinaires. L'inventeur, M. de la Rue d'Elbeuf, prétendait que ce bateau remonterait le courant avec la même vitesse, et se proposait même de le doubler en établissant sur les grandes roues un engrenage.

M. Mulotin, horloger à Dieppe, imagina aussi un phare d'une construction remarquable. Il avait la forme d'une horloge et le mouvement faisait paraître une masse de lumière de 24 réverbères, dont la durée était de 3 minutes, et la disparition d'une.

Un autre moyen, de ce genre, avait pour but de donner aux feux un éclat particulier qui les distinguât de manière à empêcher de les confondre avec les autres feux.

(1) Marquis de Mancini, brigadier des armées du roi, premier écuyer de la reine et directeur-général des haras.

Le marquis de Polignac, chevalier des ordres du roi, premier écuyer de Monseigneur le comte d'Artois, gouverneur du château royal de

général des postes aux chevaux, relais et messageries.
La place d'intendant-général est accordée à M. de
Veymerange (1).

Cette même année, l'uniforme des officiers des postes
est réglé par une ordonnance. Il n'est plus exigé aujourd'hui que pour les employés des postes militaires, les
postillons et les courriers. La couleur en est bleue pour
tous, mais avec des marques distinctives qui varient
suivant les emplois. Les postillons, par exemple, ont
des revers rouges, des boutons fleurdelisés et des galons
d'argent : ils portent sur le bras gauche un écusson
aux armes royales. Cet écusson est placé sur la poitrine
des courriers; l'habit de ces derniers, bordé d'un liseré
d'argent, est orné au collet de deux fleurs de lis brodées
également en argent.

Les malles-postes et les messageries royales sont distinguées par les armoiries de la couronne.

Le 23.ᵉ bail, porté à 10,800,000 fr. en 1786 (en 1788 à
12,000,000), est passé, pour cinq ans, avec M. Poinsignon.

L'année suivante, la poste aux chevaux et les relais
sont réunis à la poste aux lettres, le duc de Polignac,
qui en était directeur-général, ayant donné sa dé-
mission. La place d'intendant-général, créée en même
tems, fut supprimée.

L'université conservait encore, en 1789, comme un
privilége qu'elle s'était réservé, des messagers dont les
charges étaient à la nomination des quatre nations qui
composent la faculté des arts. Ces charges ne se ven-
daient point; il n'en coûtait que les frais de réception,
montant environ à 500 francs. Les messagers étaient
appelés aux processions du recteur, et avaient leur
salle d'audience au collége de Louis-le-Grand.

Le roi n'ayant pas nommé à la place de surintendant-
général des postes, depuis M. de Clugny, le baron
d'Ogny était resté seul chargé de la direction de cette
importante administration, sous le titre d'intendant-général des courriers, postes, relais et messageries de

Chambord, obtint la survivance de la place de directeur-général de
la poste au chevaux.
[1] Chevalier de Saint-Louis, intendant des armées du roi.

France. Les administrateurs étaient MM. de Montregard, de la Reignière, Richard d'Aubigny, de Richebourg, Gauthier, de Montbreton, Mesnard, de la Ferté, Delaage, de Vallogné et de Longchamp.

Il y avait aussi un conseil des relais, composé de trois inspecteurs-généraux.

Nous venons d'exposer rapidement, dans tout ce qui précède, les divers changemens survenus dans les postes depuis leur origine jusqu'en 1789. Objets, pendant plus de trois siècles d'existence, de la protection spéciale de nos rois, elles étaient parvenues au point d'être utiles à la fois au peuple dont elles multipliaient les relations, et à l'état dont elles augmentaient les revenus. Les recettes des lettres et paquets, abandonnées pendant près de deux cents ans aux agens des postes, à titre d'émolumens, devinrent si productives par la suite, entre les mains des fermiers-généraux, qu'elles avaient atteint un taux qu'on devait à peine dépasser de nos jours.

Mais les institutions les plus sages, consacrées par le tems et les besoins des peuples, ne pouvaient survivre au renversement de la monarchie. C'est sous cette ère fatale, signalée par un crime inouï dans nos fastes, que nous allons suivre les variations que les postes ont subies jusqu'au rétablissement de la maison de Bourbon.

Dès 1790, un décret supprime les priviléges des maîtres de poste qui avaient été créés par Louis XI, et rigoureusement maintenus par ses successeurs. Une indemnité annuelle, de 30 livres par cheval entretenu pour le service de la poste, les remplace. Elle ne peut être moindre de 250 fr., ni dépasser 450 fr., quelle que soit l'importance des relais.

Les titres et traitemens de l'intendant-général, ceux de l'inspecteur-général, les gages des maîtres des courriers, etc., sont également supprimés.

M. de Richebourg est nommé commissaire du roi près les postes, place qui répondait à celles de surintendant et d'intendant-général. Il réunit, dans ses attributions, la poste aux lettres, la poste aux chevaux et les messageries, quoique séparées pour l'exploitation.

Le serment d'observer la foi due au secret des lettres, est exigé de tous les agens des postes.

Les fonctions des inspecteurs, visiteurs et officiers du

conseil des postes, sont remplies par deux contrôleurs-généraux, auxquels il est accordé un traitement de 6000 fr.

Le bail des postes, passé en 1788, avec M. Poinsignon, est maintenu.

Les réformateurs, dans cette désorganisation totale, se voient forcés, pour ne pas entraver la marche d'un service si important, de conserver les anciens réglemens et le tarif de 1759. Les arrêts de 1771, 1784 et 1786, subissent seulement quelques changemens relatifs au contre-seing et au brûlement des lettres inconnues, refusées et non-réclamées.

Les maîtres de poste du royaume demandent la réunion des messageries à la poste aux chevaux.

Le privilége exclusif des carrosses de place et des voitures des environs de Paris, accordé à la compagnie Perreau, est résilié.

M. Jean-François Dequeux devient, en 1791, fermier des messageries, coches et voitures d'eau, par bail de la durée de six ans neuf mois.

Les administrateurs des postes font remise au roi du 5.ᵉ des produits nets qui excèdent les onze millions du bail expiré le 31 décembre.

A cette époque où, sous prétexte du bien public, on ne respectait plus rien, le désordre était à son comble. L'assemblée nationale (1), elle-même, parut effrayée des abus qu'entraînait le zèle des corps administratifs et des municipalités. La correspondance des particuliers n'était plus à l'abri de la plus infâme des violations ; les courriers qui refusaient de remettre les dépêches, dont ils étaient responsables, s'exposaient aux mauvais traitemens d'individus livrés à la licence la plus effrénée ;

_____

(1) Elle improuva la conduite de la municipalité de Saint-Aubin, pour avoir ouvert un paquet à M. d'Ogny, intendant-général des postes, et plus encore pour avoir ouvert ceux adressés au ministre des affaires étrangères et au ministre de la cour d'Espagne ; et chargea son président de se retirer de vers le roi, pour le prier de donner des ordres nécessaires afin que le courrier de ces paquets fût mis en liberté, et pour que le ministre du roi fût chargé de témoigner à M. l'ambassadeur d'Espagne les regrets de l'assemblée de l'ouverture de ses paquets.

et les directeurs ne pouvaient soustraire, à leurs crimi-
nelles perquisitions, les lettres qu'on osait leur enlever
par la force dans les dépôts sacrés confiés à leur garde.
Cependant, par une concession bien digne de ces tems
désastreux, cette même assemblée, en cherchant à ré-
primer une telle conduite, crut devoir l'excuser en
disant qu'elle était tolérable dans un moment d'alarme
universelle et de péril imminent.

Les postes sont administrées, en 1792, par un directoire composé d'un président et de cinq administrateurs. M. de Richebourg est nommé, à ce premier emploi,
avec un traitement de 20,000 fr. Il leur est assigné à tous
un logement à l'Hôtel-des-Postes. (1)

Pour établir les bases du nouveau tarif (2) sur le
prix du transport des lettres et paquets, on fixe un
point central dans chacun des 83 départemens, et les
distances entr'eux sont calculées d'un point central à
un point central à vol d'oiseau, et à raison de 2283 toises
par lieue. Le quart de l'once détermine le poids de
la lettre, dite simple ou non pesante, dont le port, fixé
à quatre sous dans l'intérieur de chaque département,
augmente d'un sou hors de ce département, et jusqu'à
vingt lieues inclusivement. Une progression d'un sou par
dix lieues est réglée jusqu'à cent, et subit quelques modifications au-delà de cette distance.

Le transport des dépêches qui, jusqu'alors, avait eu
lieu sur les grandes routes et sur les petites, à cheval, en
brouettes ou voitures non-suspendues, la plupart découvertes, attelées d'un seul cheval et conduites par le

---

(1) Bâti sur les ruines de l'Hôtel-de-Flandres, qui appartenait,
dès la fin du XIII.e siècle, aux comtes de ce nom. Le roi Charles VII
le donna, en 1487, à Guillaume de la Trimouille. Il fut possédé par
Jean-de-Nogaret, premier duc d'Epernon, favori de Henri III, et
passa ensuite à Berthélemi d'Hervart, contrôleur-général des finances, qui le fit reconstruire en entier; puis en suite à M. Fleuriau
d'Armenonville, secrétaire-d'état et garde des sceaux. Cet hôtel
portait encore son nom lorsqu'il fut acheté des héritiers du comte
Morville, son fils, pour y placer les bureaux de la poste. Il fut
réparé et distribué à cet effet, et l'on y construisit, du côté de la
rue Coq-Héron, un hôtel pour l'intendant général des postes
(2) Celui de 1759 était basé sur la distance réellement parcourue,
et on ne reconnaissait pas de distance au-dessous de 20 lieues.

courrier, devient l'objet d'une mesure générale et uniforme. Des courriers de poste aux lettres sont établis sur quatorze routes, dites de première section, et sur vingt-six de deuxième section en voitures suspendues, couvertes, montées sur deux roues et attelées de trois chevaux. Le service en est fait par les maîtres de poste, au prix de 3o sous par cheval et par poste, au lieu de 25 sous auquel il était précédemment fixé.

Le droit de franchise et de contre-seing des lettres, étendu chaque jour dans une proposition nuisible à la recette des postes, est limité par un nouveau réglement.

Il n'est encore rien changé à la remise sur les articles d'argent déposés, qui, de tout tems, avait été perçue au profit des directeurs des postes. Ce n'est que plus tard que le trésor s'est attribué cette recette.

Une instruction générale, sur le service des postes, devenait indispensable. Elle comprend toutes les bases sur lesquelles repose cette institution ; mais les modifications qui pourraient y être apportées, seront réglées par des circulaires imprimées.

On abolit le privilège de poste royale ou double, dont jouissaient les maîtres de poste de Versailles, de Paris, de Lyon et de Brest.

Les emplois des contrôleurs provinciaux des postes, qui avaient échappé à la réforme totale de ce qui tenait à l'ancienne organisation, disparaissent à leur tour. On y supplée par des inspecteurs auxquels la surveillance générale des bureaux de poste et des relais est confiée dans les départemens.

Les courriers sont élus par les sections de Paris. Les directeurs et les contrôleurs des postes sont nommés par le peuple. Les fonctions des premiers comprennent toutes les parties du service. Les directions sont simples ou composées : dans le premier cas, le directeur suffit à toutes les opérations ; mais, dans le second, l'importance des bureaux nécessite un nombre d'agens proportionné aux besoins des localités. Alors, il y a un contrôleur dont les attributions sont en opposition avec celles du directeur, comme exerçant sur lui une surveillance continue dans l'intérêt de l'administration.

On exige des directeurs, en 1793, un cautionnement en biens fonds de la valeur du cinquième du produit net de l'année commune de chaque bureau.

Les chevaux de poste sont payés, par les voyageurs et
les courriers extraordinaires, à raison de 40 sous
par cheval et par poste, et 15 sous de guide au postillon.
Le bail des messageries est résilié.

On réunit la poste aux lettres, les messageries et la
poste aux chevaux, sous une seule et même administration, spécialement chargée de la surveillance et du
maintien de l'exécution des trois services. Elle est composée de neuf administrateurs (1) élus par la convention, sur la présentation du directoire exécutif. Ces
nominations n'ont lieu que pour 3 ans.

Nous avons vu dans tous les tems divers moyens, plus
ou moins ingénieux, de communiquer au loin, par des
signaux, des phrases convenues. Ces procédés, tentés
par les anciens, renouvelés par les modernes, n'avaient
pas eu assez de succès pour être adoptés ; des pavillons,
hissés au sommet de mâts très-élevés, servaient, seulement
sur nos côtes, à signaler ce qui pouvait intéresser le service
maritime. On y a substitué depuis une machine mobile,
sous le nom de cémaphore (2), destinée au même usage.

Les Anglais ont cherché, avec succès, à varier ces signaux. Le duc d'Yorck a acquis une grande célébrité en les
perfectionnant. Dom Gauthey, Linguet, Amontons,
semblent plus particulièrement avoir approché de la solution d'un problème tant de fois proposé ; mais aucune expérience notable n'était venue à l'appui de leur
théorie. La question restait donc à résoudre, lorsque
Claude Chappe, né à Brûlon, en 1763, fit connaître
son importante découverte du télégraphe (3). On prétend
que, dès 1791, cet habile physicien fut conduit à ce
résultat par suite d'un amusement. Le désir de communiquer par signes avec quelques amis qui résidaient à la
campagne, à plusieurs lieues de lui, l'engagea dans des
recherches tellement satisfaisantes, qu'il crut devoir,
en 1792, soumettre son projet à l'assemblée législative,
en lui présentant sa machine à signaux (4). L'établis-

_____

[1] Entr'autres MM. Baudin, Catherine, Caboche, Rouvière,
Legendre, Mouret, Ruteau.
(2) Porte signe.
(3) J'écris au loin.
(4) M. Chappe fut nommé ingénieur des télégraphes avec les appoin-
mens de lieutenant du génie.

sement (1) d'une ligne télégraphique fut ordonné un an
après et signala une victoire (2). La convention reçut
la nouvelle de ce succès au commencement d'une de ses
séances, rendit un décret qui déclarait que Condé (3)
changeait de nom, et le télégraphe annonça, pendant
cette même séance, que le décret était déjà parvenu
à sa destination, et que déjà aussi il circulait dans
l'armée.

Ce résultat ne laissa rien à désirer sur l'utilité d'un
procédé si merveilleux. Il serait même difficile de décrire la sensation que produisit, non-seulement en
France, mais par toute l'Europe, la découverte d'une
machine dont les formes sont visibles, les mouvemens
simples et faciles, qui peut être transportée et placée
partout, qui résiste aux plus grandes tempêtes, donne
assez de signaux primitifs pour faire de ces signes une
application exacte aux idées, qui les transmet dans tous
les lieux et à quelque distance que ce soit.

Elle n'exige qu'un signe par idée et jamais plus de
deux ; ce qui est très-remarquable, dit le rapport dé-
cennal (1810). *comme ayant donné naissance à une*
langue nouvelle, simple et exacte, qui rend l'expression
d'une phrase par un seul signe.

La poste télégraphique, qui se compose de toutes les
lignes qui , partant de Paris (4), vont aboutir aux

---

(1) De Bruxelles à Paris, le télégraphe pouvait transmettre les
avis en 25 minutes. Il fut décidé que le comité d'instruction publique nommerait deux commissaires pour suivre les opérations , et
qu'il serait alloué 6000 fr. pour les frais de cet essai. Plus tard [1797],
MM. Breguet et Betencourt soumirent un projet de télégraphe. Les
Anglais, qui ont une espèce de signaux de ce genre , les avaient
déjà établis sur leurs côtes, d'où ils répondaient tous à Londres.

[*Moniteur.*]

(2) La prise de Condé.
(3) On l'appela *Nord-Libre.*
(4) L'administration des télégraphes est rue de l'Université. Paris
compte cinq télégraphes : l'un à l'hôtel de l'administration, l'autre
au ministère de la marine, un troisième à l'église des Saints-Pères ,
les deux derniers sur les tours de Saint-Sulpice. Les nouvelles de
Calais arrivent à Paris, en trois minutes, par 27 télégraphes ; de
Lille , en deux minutes, par 22 télégraphes ; de Strasbourg,
en 6 minutes, par 46 télégraphes ; et de Brest, en 8 minutes, par
80 télégraphes.

points extrêmes du royaume , est dirigée par trois administrateurs qui sont : MM. le comte de Keresperts ,
Chappe Chaumont et Chappe d'Arcis. Il y a un directeur et un inspecteur à chaque point principal , et des
employés à chaque station pour exécuter , sans les comprendre , tous les mouvemens ordonnés d'une direction à l'autre.

Les télégraphes dépendans de la direction de Saint-
Malo , par exemple , sont au nombre de sept (1) du
côté de Paris , et de trois (2) du côté de Brest. De l'instant où se fait le dernier signal à Saint-Malo , jusqu'à
l'arrivée de la réponse de Paris , il s'écoule 14 ou 15
minutes.

On sait jusqu'à quel point on a multiplié les lignes
télégraphiques , et avec quelle facilité on applique ce
moyen suivant les lieux et les circonstances. A toute
heure , à toute minute , des points les plus importans du
royaume , on peut transmettre à la capitale et en recevoir instantanément les avis les plus intéressans.

La ligne télégraphique (3) de Paris à Lille fut établie
en 1794.

Le port (4) des lettres est augmenté et porté , en 1795 ,
pour celles dites simples , ne pesant pas un quart d'once ,
à cinq sous dans l'intérieur du même département ; extérieurement jusqu'à 20 lieues , à six sous ; et , pour les

_____

[1] Saint-Medon , Mondoc , la Masse , le Mont-Saint-Michel ,
Avranches , la Bruyère , la Rivière , la Tournerie , les Hébreux ,
la Chapelle-Riche , Laudigère.

[2] Tertre-Guérin , Saint-Caast , Villeneuve.

(3) Elle fut prolongée jusqu'à Dunkerque en 1799. A cette époque ,
des travaux semblables eurent lieu sur Strasbourg et Huningue ,
Brest et Saint-Brieux. En 1803, on communiqua , par ce moyen avec
Bruxelles ; avec Boulogne , Flessingue et Anvers , en 1809 ; et , un
an plus tard , avec Amsterdam. En 1805 Milan correspondait avec
Paris par le télégraphe. Cette ligne fut étendue , vers 1810 , sur
Venise et Mantoue. L'année de la restauration , Lyon fut en relation
avec Toulon. La guerre d'Espagne , arrivée en 1823, nécessita l'établissement d'une ligne de télégraphes de Paris à Bayonne. [Moniteur.]

(4) Plus tard , la taxe des lettres , dans toute l'étendue de la
France , réglée sur les distances , est réduite à 4 sortes ; savoir :
dix sous pour une distance de cinquante lieues , à compter du
point de départ ; quinze sous à cent lieues , vingt sous à cent cinquante , vingt-cinq sous pour toute distance au-delà de 150 lieues.

autres distances, dans une progression réglée par le tarif.

Le port des lettres, pour l'intérieur des villes, est fixé à trois sous.

Une administration générale (1), composée de douze membres, est établie pour remplacer les trois agences supprimées de la poste aux lettres, de la poste aux chevaux et des messageries. Elle nécessite la création d'une place de caissier-général des postes.

Les tarifs de la poste aux lettres et de la poste aux chevaux éprouvent des changemens provoqués par la dépréciation du papier-monnaie. On paie pour la lettre simple, par exemple, jusques et compris 5o lieues, deux livres dix sous. Chaque maître de poste reçoit cent cinquante livres en assignats par poste et par cheval, et chaque postillon cinquante francs.

La taxe (2) des lettres varie encore en 1796.

Afin, dit le Conseil des Cinq Cents dans son arrêté, *d'encourager la libre communication des pensées entre les citoyens, et d'augmenter les revenus publics*, le prix des journaux présentés à l'affranchissement ne sera que de quatre centimes par feuilles, et celui des livres brochés de cinq centimes.

Le tarif (3) du port des lettres subit encore des modifications : il rappelle plusieurs articles de celui de 1759.

Les lettres adressées aux militaires sous les drapeaux, par une exception bien entendue, ne paient que quinze centimes, quelles que soient les distances.

La facilité accordée aux particuliers de pouvoir charger leurs lettres et paquets, à la condition d'en payer le double du port ordinaire, imposait l'obligation à l'ad-

---

(1) MM. Caboche, Rouvière, Gauthier, Déaddé, Baudin, Boulanger, Joliveau, Sempron, Tirlemont, Vernissy, Rose et Catherine Saint-Georges.

(2) Les lettres du poids de demi-once ne paient que trois décimes dans la distance de cinquante lieues et au-dessous ; cinq décimes jusqu'à cent ; sept décimes jusqu'à cent cinquante ; et neuf décimes au-dessus de cent cinquante lieues de distance.

(3) Le prix de la lettre dite simple, au-dessous de demi-once, est de deux décimes dans l'intérieur du même département ; d'un département à un département, de vingt-cinq centimes.

ministration responsable de fixer l'indemnité due en cas de perte des lettres : elle était précédemment de trois cents francs, et se trouve réduite à cinquante.

Un nouveau décret supprime, en 1797, le droit de franchise des lettres par contre-seing. Il est accordé une indemnité de 68 mille francs par mois au conseil des Anciens et à celui des Cinq-Cents pour remplacer ce privilége.

Une société anonyme est formée, à Paris (1), pour l'entreprise générale des messageries.

Les frais d'administration des postes pour la présente année s'élèvent à neuf millions, dans lesquels la taxe d'entretien des routes figure pour 600,000 fr.

Le décret qui ordonne l'établissement des postes dans les colonies, porte que le produit de la ferme des bacs des passages des rivières et des postes, sera versé au trésor public de chaque colonie.

Les fonctions du commissaire du directoire exécutif, près l'administration des postes, sont déterminées, en 1798, par des instructions.

Les nouveaux arrêtés sur le transport frauduleux des lettres reproduisent les anciens réglemens. Ce n'est pas la première fois qu'après avoir tout détruit on se voit forcé d'édifier sur les bases anciennes.

Il était tems qu'un établissement aussi utile que celui de la poste aux chevaux fût authentiquement reconnu par une loi dans toute l'étendue de la France. Il est suivi, en 1799, d'un réglement sur ce service.

La poste aux lettres, par suite de l'annulation du bail, est administrée par une régie intéressée, à laquelle il est accordé huit millions pour les dépenses d'exploitation. Les cinq membres qui la composent sont MM. Anson, Forié, Auguié, Sieyes et Bernard, près desquels M.ʳ La Forêt est placé comme commissaire du gouvernement.

M. Duvidal est nommé inspecteur général près l'administration des postes, au lieu des deux substituts du commissaire du gouvernement, qui avaient été précédemment établis.

_____

(1) Rue Notre-Dame-des-Victoires.

Les lettres sont taxées (1) en francs et en décimes, et il ne doit être fait usage que des nouveaux poids.

La taxe (2) des lettres est fixée en raison des distances à parcourir par la voie la plus courte, d'après les services des postes aux lettres existans.

Les administrateurs jouissent enfin, en 1800, du privilége de nommer à tous les emplois : les inspecteurs ne peuvent être choisis que parmi les employés des postes et sur la présentation du commissaire.

Le ministre des finances arrête tous les états de dépense.

Les abus qui s'introduisent de nouveau dans le transport frauduleux des lettres, provoquent encore, en 1801, la mise en vigueur des anciens réglemens.

On est forcé, après tant d'essais infructueux, de rentrer dans la voie régulière dont . n'aurait pas dû s'écarter ; la licence était réprimée ; et on sentait, en 1802, le besoin de ramener l'ordre dans une partie d'où il semblait être banni par les changemens successifs qu'on y avait opérés dans l'espace de quelques années.

Nous remarquons aussi que c'est de cette époque que la poste aux lettres semble avoir été dans une dépendance plus directe du ministère des finances.

Le poids des lettres est modifié : elles ne sont plus considérées comme simples lorsqu'elles pèsent 6 grammes, et la progression relative est établie par des tarifs.

M. Benezet remplace M. Duvidal dans la place d'inspecteur général près l'administration des postes.

On sait qu'il existait dans toutes les villes, et particulièrement dans les ports de mer, des établissemens sous la dénomination de petite-poste destinés aux correspondances locales et à celles d'outre-mer. Le public y déposait ses lettres, et elles étaient expédiées avec soin par chaque bâtiment partant. Les capitaines à leur retour transmettaient par la même voie celles qu'ils rapportaient des colonies.

_____

(1) A cette époque, une lettre de Lyon coûtait onze sous ; de Grenoble, 12, et de Bayonne et Marseille, 13.

(2) Pour la lettre dite simple, au-dessous du poids de 7 grammes jusqu'à la distance de 100 kilogrammes inclusivement, deux décimes, etc.

11

Cette poste maritime, si active et si utile avant les jours orageux de notre révolution, devait nécessairement rentrer dans les attributions d'une administration qui seule pouvait exploiter un service de cette nature avec la sécurité réclamée par la société. Il ne s'agissait pour cela que d'user exclusivement du privilége dont on ne pouvait contester la légitimité à une institution toute royale, et d'en régulariser l'organisation. On rappela de nouveau la défense faite de tout tems aux personnes étrangères aux postes de s'immiscer dans le transport des lettres et paquets; et on obligea les capitaines de faire connaître aux directeurs des postes, dans les ports où leurs bâtimens seraient en chargement, au moins un mois à l'avance, l'époque présumée de leur départ, afin de ne pouvoir appareiller que munis d'un certificat de cet agent, qui constatât qu'ils avaient reçu les malles destinées pour les lieux où *ils* déclaraient devoir se rendre. Les mêmes formalités exigées au retour out suffi pour donner depuis plus de garantie à cette nouvelle branche de correspondance. Divers articles ont réglé l'indemnité accordée aux capitaines qui déposent leurs dépêches aux bureaux de poste, et le port, toujours perçu d'avance, auquel le public est assujetti. On sent que la régularité et l'accélération d'un pareil service dépendent de l'activité du commerce d'une nation. Elles sont telles, en ce moment pour la France, que les relations des colonies avec la métropole n'éprouvent pas la moindre interruption; et il arrive fréquemment que des distances (1) de plus de 2400 lieues sont franchies en moins de trois mois.

La correspondance par mer n'était cependant pas nouvelle. Elle avait eu lieu de tout tems avec l'Angleterre, par le moyen de paquebots (2) destinés à transporter les dépêches. Les communications avec les diverses îles de la Méditerranée et de la Manche ne pouvaient être entretenues que d'après ce mode.

---

(1) Une des traversées les plus remarquables est celle de la frégate française la Méduse qui s'est rendue de France aux Indes en 86 jours.

(2) En anglais packet boot qui signifie bateau à paquets. Chacune des deux nations faisait le transport de ses dépêches. L'Angleterre, par la suite, en fut chargée exclusivement; mais Louis XVI rétablit le mode de transport comme dans l'origine.

Lorsque nous avons parlé d'un bateau mécanique, appelé poste par eau, nous ne prévoyions pas qu'on verrait plus tard des bâtimens, mis en mouvement par le feu, refouler le courant de nos fleuves les plus rapides, et multiplier les communications avec une régularité surprenante.

Un bateau à vapeur fait le service de Douvres à Calais. Les entreprises de ce genre se répandent chaque jour, soit pour le transport des voyageurs, soit pour celui des marchandises sur la Garonne, la Loire, la Charente, l'Adour, la Gironde et la Seine. On a établi sur le canal des Deux Mers, des bateaux à vapeur à une seule roue derrière substitués aux bateaux de poste, qui feront le trajet de Toulouse à Agde en moins de 36 heures. Un service de transport pour les marchandises rendra régulièrement celles-ci, partant de Toulouse pour Beaucaire en moins de six jours. On organise également un service de ce genre de Lyon à Beaucaire. Bientôt on communiquera aussi à nos possessions d'outre-mer par ce moyen rapide et ingénieux. Le bateau à vapeur de l'état, la Caroline, primitivement le Galibi, est destiné à naviguer de Cayenne à Lamana.

L'Angleterre s'attribue en vain l'honneur de cette découverte, *parce qu'un nommé Jonathas Hulls, dit M. Marestier, auteur d'un mémoire sur les bateaux à vapeur, prit, en 1736, un brevet pour l'application de ce moteur à la remorque des vaisseaux. Il paraît que rien n'était préparé pour un essai, et que l'inventeur et l'invention tombèrent dans l'oubli. Les droits des Français, à la même découverte, sont plus authentiques; ce sont des ouvrages imprimés, des essais encore défectueux, mais qui mettaient sur la voie et qui promettaient déjà quelques succès.*

James Watt en Angleterre, et Robert Fulton (1) aux Etats-Unis, ont les premiers perfectionné ce procédé. Mais la supériorité, dont l'Angleterre est si fière de nos jours, est encore due à un ingénieur français, M. Brunel.

---

(1) En 1803, Fulton, qui se trouvait à Paris, construisit et fit manœuvrer sur la Seine un bateau qui remonta la rivière avec une vitesse de plus de cinq quarts de lieue par heure.

L'affranchissement des lettres et paquets, pour les pays conquis, est réglé, en 1803, par divers arrêtés.

Les produits de l'administration des postes, jusqu'à la concurrence de 10 millions, seront versés directement à la caisse d'amortissement pour être employés aux opérations dont cette caisse est chargée, et l'excédant au trésor public.

M. Lavalette est nommé commissaire du gouvernement près les postes, place que MM. La Forêt et Gaudin avaient remplie avant lui.

L'uniforme des postillons et autres employés des relais, se distingue par une broderie ou galons or et argent, suivant les grades : la veste bleue, la culotte chamois et les boutons blancs sont exigés pour tous.

Une loi règle les époques de l'ouverture et du brûlement des rebuts, ainsi que du dépôt, au trésor public, des objets de valeur (1).

Le produit des postes, en 1804, est évalué 10 millions.

Les postes, jusqu'à cette époque sous la surveillance d'un commissaire du gouvernement, prennent une forme nouvelle par la suppression de cette place et la création de celle de directeur-général, dont les attributions, plus étendues, rappellent davantage l'ancienne organisation du service des postes. C'est à M. Lavalette que cette importante direction est confiée.

Les priviléges accordés aux maîtres de poste n'avaient eu d'autre but que de maintenir un établissement tant de fois compromis par des mesures inconsidérées. On est forcé de reconnaître la légitimité de ces droits, si anciens, en cherchant enfin à opposer des entraves aux entreprises multipliées qui s'élèvent de toutes parts. C'est encore d'après l'expérience qu'il est décidé, en 1805, que tout entrepreneur de voitures publiques et de messageries, qui ne se servira pas des chevaux de la

_____

(1) Par la loi du 7 nivose, an 10, les uns seront ouverts de suite et les autres au bout de six mois, un an et même deux ans. Tous seront brûlés de suite, s'ils sont sans intérêt. Les délais de garde pour les objets importans, à dater du mois de leur mise à la poste, n'excéderont pas cinq ans. On transmettra, à cette époque, au trésor royal, ceux qui auront de la valeur.

poste, sera tenu de payer, par poste et par cheval, à chacune de ses voitures, vingt-cinq centimes au maître du relais dont il n'emploiera pas les chevaux.

Il paraît un réglement sur les relais.

Les routes sur lesquelles les maîtres de poste sont chargés du transport des malles, tant à l'aller qu'au retour, sont déterminées par un décret.

En 1806, il est établi une nouvelle progression pour la taxe des lettres et paquets, calculée par tableaux qui remplacent l'ancien tarif, intitulé Copie de Nomenclature Matrice.

Après les désordres introduits par suite des événemens politiques, il n'est peut-être pas indifférent de faire remarquer la décision ministérielle qui attribue, en 1807, la franchise aux mandemens que nosseigneurs les archevêques et évêques adressent aux ecclésiastiques de leurs diocèses.

Il est défendu, en 1808, d'admettre dans les malles aucun voyageur, s'il ne s'est conformé au décret qui change le papier fabriqué spécialement pour les passeports.

Les divers changemens survenus dans l'organisation des postes nécessitent de nouveaux réglemens qui donnent lieu à la rédaction de la deuxième instruction générale sur ce service (1).

La société anonyme, formée à Paris, rue Notre-Dame-des-Victoires, pour l'entreprise des messageries, est autorisée, en 1809, à continuer d'exister jusqu'au 31 décembre 1840. Cet établissement est spécialement chargé du transport des fonds du gouvernement.

Les articles d'argent, jusqu'à la concurrence de cinquante francs, sont payés à vue aux militaires et autres personnes attachées aux armées.

Il est accordé des remises aux directeurs sur leurs versemens d'espèces dans les caisses des receveurs du

_____

(1) Après une nouvelle période de seize ans, une troisième instruction deviendrait d'une grande utilité pour suppléer à l'interprétation des nombreuses circulaires qui ont modifié la deuxième. La stabilité qui semble attachée aux mesures récemment adoptées dans toutes les parties du système administratif des postes, ne laisserait plus la moindre incertitude sur l'application de tant d'élémens épars.

trésor, et la permission, en outre, de les faire en traites à deux usances.

L'affranchissement des lettres simples destinées aux militaires de tous grades sous les drapeaux, porté, jusqu'à ce jour, à quinze centimes, est élevé, en 1810, à vingt-cinq centimes, et n'a lieu seulement que pour celles adressées aux sous-officiers et soldats.

Aucun livre imprimé à l'étranger ne peut entrer en France sans la permission du directeur-général de la librairie et de l'imprimerie.

Le tarif subit de nouvelles modifications.

La correspondance entre la France et la colonie de Batavia, est établie régulièrement deux fois par mois.

Toute relation avec l'Angleterre est suspendue en 1811, et le brûlement des lettres est ordonné, tant pour celles qui en proviennent, que pour celles qu'on y expédie.

Quelques mois plus tard, cette interdiction fut levée avec restriction. Cette facilité dura peu, et toute communication fut encore suspendue.

L'année 1812 n'offre rien de remarquable sur les postes. En 1813, on établit un service régulier de postes françaises en Turquie.

L'invasion du territoire français, par les puissances alliées de l'Europe, en 1814, nécessite la suspension des correspondances avec les pays conquis, et provoque des dispositions relatives à l'évacuation des bureaux de poste à leur approche.

M. de Bourrienne, ancien conseiller-d'état, succède à M. Lavalette dans la place de directeur-général des postes.

Il règne une grande confusion dans cette administration. Les employés qui avaient été forcés de suspendre leurs fonctions, sont prévenus de les reprendre.

Toutes les lettres restées au rebut depuis trois ans, par suite des événemens, sont expédiées pour leur destination. Le service ne souffre pas d'interruption pendant l'invasion de la France. Le baron de Saken, gouverneur-militaire de Paris, assure, au nom des puissances alliées, une protection spéciale aux relais et aux bureaux de poste.

Tels sont les actes qui préparent le retour de l'autorité légitime en France.

Les relations interrompues avec les diverses nations reprennent peu à peu leur ancienne activité.

M. de Bourienne, nommé directeur-général des postes sous le gouvernement provisoire, est remplacé par M. le comte Ferrand, ministre-d'état. C'est la première nomination faite aux postes depuis le rétablissement de la maison de Bourbon.

M. le comte de la Prunarède est nommé adjoint aux inspecteurs des postes et relais.

Le paiement des reconnaissances à vue, aux militaires, n'a plus lieu.

Quelques mesures réglementaires signalent, en 1815, la courte administration de M. le comte Ferrand. Une catastrophe inouie devait ramener M. Lavalette à la tête des postes, en même tems que le trône de nos rois était usurpé une seconde fois.

Cet interrègne de cent jours jette une nouvelle confusion dans les postes. Mais, au retour de l'ordre, M. le comte Beugnot, ministre-d'état, appelé à leur tête, s'exprime ainsi :

C'est dans son sein (du souverain légitime) *qu'il faudrait se réfugier quand la providence n'y aurait pas placé le cœur d'un père.* Il parle ensuite de l'ancienne sagesse, de la probité, et surtout de l'attachement au roi qui a signalé de tout tems l'administration des postes. *Cet établissement,* ajoute-t-il, *dont la France a l'honneur d'avoir donné l'exemple au reste de l'Europe, est tout royal. C'est à la protection spéciale de nos souverains qu'il est redevable des développemens et de l'espèce de perfection qu'il semble avoir obtenue.*

Tels sont les principes rassurans que professent les hommes d'état chargés de diriger une des branches les plus importantes de l'administration publique sous le règne doux et paternel des Bourbons.

Les Directeurs adressaient, à la caisse générale des postes à Paris, les fonds provenant de leurs recettes : ce mode est remplacé par celui des versemens de ces produits aux caisses des receveurs particuliers du trésor.

Sur la fin de 1815 (1), M. le marquis d'Herbouville,

_____

(1) Octobre.

pair de France, est élevé à la place de directeur-général des postes. Il se montre pénétré de l'importance de l'administration qu'il est appelé à diriger, en cherchant à l'entourer d'une grande considération.

Il avait beaucoup à réformer après les désordres causés par deux invasions si rapprochées ; et son premier soin est de régulariser toutes les mesures temporaires, nécessitées par des circonstances si impérieuses.

Il établit, en 1816, une division de comptabilité centrale, chargée de décrire, d'une manière précise, la situation de tous les agens de l'administration sur toutes les parties du service, et de pouvoir la faire connaître tous les jours, ainsi que celle de l'administration elle-même.

C'est à ses soins prévoyans qu'on doit le maintien de la caisse des pensions, qui avait éprouvé un déficit considérable par suite des désordres passés. Il y parvient au moyen d'une augmentation sur la retenue des appointemens, qui, de 3 francs 50 centimes, devait être portée temporairement à 5 pour cent, taux auquel elle est encore perçue aujourd'hui.

Si l'établissement de la caisse des pensions fut un bienfait, cette mesure conservatrice inspirera une reconnaissance égale à celle attachée à sa création.

Le cautionnement en immeubles, fourni jusqu'à ce jour par les directeurs des postes, est exigé en numéraire.

Les résultats que M. le marquis d'Herbouville se promettait d'atteindre par la marche juste, ferme, et indépendante qu'il suivait avec persévérance, ne devaient pas avoir lieu sous son administration.

M. Dupleix de Mezy est appelé à le remplacer. (1)

Les sommes déposées, sous le titre d'articles d'argent, qui circulaient de bureau à bureau pour être remises dans les mêmes espèces aux destinataires, sont expédiées directement à Paris. Cette amélioration remédiait en partie à un mode reconnu vicieux, dès l'origine, par l'inconvénient qu'il entraînait de tenter la cupidité des malfaiteurs. Ces paiemens sont effectuées avec les re-

_____

(1) Novembre 1816.

cettes ordinaires du produit des postes, ou, en cas d'insuffisance, par le moyen des fonds de subvention, c'est-à-dire des sommes que les directeurs sont autorisés à toucher chez les receveurs du trésor.

Des bateaux à vapeur font le transport des dépêches et des voyageurs de Calais à Douvres. Ils sont, comme les anciens paquebots, pour le compte de l'administration des postes, et sous la surveillance du directeur des postes de Calais.

Les administrateurs des postes sont supprimés. Un conseil, auquel on attribue les mêmes pouvoirs, les remplace. Il est composé de trois membres qui sont : MM. Gouin, Boulenger et Mollière la Boulaye, chefs de divisions aux Postes. Il ne leur est point accordé de supplément de traitement. Celui du directeur-général est réduit à 60,000 fr.

Les réglemens sur les franchises et contre-seings, que de nombreuses circulaires avaient modifiés au point d'en rendre l'usage nuisible aux produits des postes, sont rétablis, par une ordonnance royale, sur des bases plus conformes à l'administration actuelle du royaume.

Les relais, dont l'exploitation à part coûtait annuellement 800,000 fr., sont réunis aux postes. On supprime les inspecteurs chargés de ce service, connus anciennement sous la dénomination de visiteurs des relais, et les inspecteurs de la poste aux lettres exercent ces nouvelles fonctions. Leur nombre, par suite de cette réduction, est de trente (1) ; ils ont chacun, à quelques exceptions près, trois départemens dans leurs divisions.

---

(1) Les attributions des inspecteurs des postes, déjà si importantes par elles-mêmes, ont été étendues par là indistinctement à toutes les parties du service. On ne pourrait aujourd'hui, sans danger, apporter de suppression dans le nombre de ces agens, interposés entre l'administration supérieure et ses subordonnés pour exercer une surveillance de tous les jours, de tous les instans. La perfection actuelle du travail nécessiterait même qu'on l'augmentât pour le rendre égal à celui des départemens. L'action des inspecteurs, devenue alors plus directe, serait par conséquent plus rapide, et agirait avec plus d'efficacité sur une étendue réduite à un rayon dont ils pourraient atteindre les extrémités dans un court espace de tems. Ils n'auraient plus de raisons légitimes pour ajourner indéfiniment des déplacemens toujours utiles et souvent urgens. A la tournée annuelle, à laquelle ils sont tenus, se joindraient les vérifications ex-

12

Il est accordé à chaque directeur une remise de sept huitièmes pour cent sur le deuxième net de sa recette, et celle de demi pour cent sur les articles d'argent acquittés avec les fonds de sa recette, ou par le moyen de ses ressources particulières. Ils jouissaient déjà de celle

traordinaires propres à rectifier, à l'instant même, des erreurs qui peuvent se reproduire quelquefois pendant tout le cours d'une année.

L'administration centrale imprime un mouvement continu et réciproque à cette multitude de bureaux répandus sur toute la France ; mais les inspecteurs le dirigent et rétablissent sans cesse l'harmonie que tant de causes accidentelles détruisent constamment. Si quelque désordre s'y introduisait, et que l'on fût privé de ce moyen puissant de répression, que d'inconvéniens prendraient un caractère de gravité avant que le mal fût connu et qu'il eût été possible d'y apporter un remède, peut-être inutile, par suite de tant de retards ? Mais l'inspecteur, sentinelle avancée, est là, toujours prêt à se porter sur tous les points où sa présence l'exige, pour constater la situation des caisses, suivre le travail des bureaux, examiner la tenue des écritures et la régularité des opérations. Les instructions sont-elles mal interprétées, il en éclaircit le sens, il décide les questions douteuses, intervient dans les plaintes et les contestations du public, dont il repousse ou accueille les réclamations ; justifie les employés que l'on taxe d'exigeance lorsqu'ils opposent leurs devoirs à des prétentions souvent injustes et toujours exagérées. Cette intervention donne un caractère plus légal à des mesures qui paraissent arbitraires, rassure des intérêts froissés en apparence, et conserve à l'administration et à ses agens la plus noble de leurs prérogatives, la confiance. L'inspecteur ne borne pas là sa surveillance : il doit s'étudier à connaître les améliorations continuelles à introduire, soit dans la multiplicité des communications, les changemens, la suppression d'anciennes correspondances que le tems a rendues inutiles ou surabondantes, ou l'établissement de nouvelles nécessitées par l'activité du commerce ou les progrès de l'industrie locale ; soit enfin dans l'entretien et la réparation des routes, dont aucun fonctionnaire public ne peut mieux que lui apprécier l'état, ni donner de renseignemens plus positifs pour conserver avec avantage un moyen si puissant de prospérité.

Ses observations sur les relais ne se réduisent pas aux simples formalités d'un procès-verbal, servant à constater que le nombre de chevaux qu'on y entretient est conforme aux réglemens. Il faut qu'il s'assure s'ils sont appropriés aux besoins des localités ; qu'il encourage les maîtres de poste à d'utiles réformes, et qu'il leur soumette des vues que l'expérience a confirmées, afin d'attacher aux relais ce principe conservateur qui fait la sécurité de l'état et l'avantage du maître de poste. Nous sommes persuadé qu'une émulation soutenue suffirait pour leur donner ce caractère d'activité durable, que l'on remarque sur certaines lignes, et qu'on est loin de retrouver sur tant de points. L'inspecteur qui éclairerait constamment le maître de poste sur ses propres intérêts, si intimement liés avec ceux du gouvernement, en lui portant le fruit de ses lumières et en le guidant avec de deux et demi pour cent sur la recette des produits des places des voyageurs dans les malles-postes.

La nécessité d'améliorer le sort des employés des postes a toujours été reconnue ; et les mesures temporaires qu'on a prises à diverses époques semblent faire espérer qu'en cherchant à parvenir à ce but, on l'atteindra. Le mode des remises est celui qui a prévalu jusqu'à ce jour pour les directeurs (1).

---

prudence dans l'exploitation de cette branche si féconde d'industrie, atteindrait ce but en peu d'années.

Occupé à faciliter le transport des dépêches, l'inspecteur prévient encore les obstacles qui pourraient en suspendre la circulation ; il réprime les abus de la fraude. Enfin, rien ne doit échapper à ses investigations. Sans cesse en activité, il donne à ses rapports ce haut degré d'utilité et d'exactitude qui ressort de la connaissance approfondie des lieux et des choses propres à éclairer l'administration sur ses véritables intérêts, sur la conduite de ses agens et sur les vœux de la société.

Cette organisation, telle que nous la concevons, loin d'entraîner un surcroît de dépense, produirait une économie qui pourrait s'élever successivement à 150,000 fr., décuplerait en outre les recettes de certains bureaux, donnerait plus d'activité au service, un degré de confiance de plus au public, et ne nuirait en rien ni aux droits ni aux avantages acquis des titulaires actuels, puisqu'elle s'obtiendrait par extinction.

Dans toute amélioration, la première considération à observer, c'est d'opérer le bien sans secousse, et de ménager, avec délicatesse, des intérêts qu'on est forcé de froisser, en ne les sacrifiant pas trop facilement, par un principe plus spécieux que juste, à l'avantage général.

Il est aisé de se convaincre, par ce faible exposé, de l'immensité des charges de l'inspecteur, et de la responsabilité morale qui pèse sur lui. Son travail demande autant de lumières que de conscience. Juge intègre, il ne peut ni céder aux sollicitations, ni s'abandonner à ses préventions. La justice est son guide. Le sort des employés est dans ses mains. Pénétré de l'importance de fonctions aussi délicates, on sent que l'expérience n'est pas la moindre qualité qu'on soit en droit d'exiger de lui.

Si la prospérité à laquelle les postes sont parvenues est due en partie aux inspecteurs, la reconnaissance attachée à leurs services serait un titre suffisant pour les maintenir, lors même que l'impérieuse nécessité n'en ferait pas une loi. Cette vérité est encore consacrée par le tems. Un agent spécial, revêtu de semblables attributions, tient donc essentiellement à l'ensemble de tout bon système administratif; et si, par cas fortuit, une seule raison pouvait être opposée à ce principe conservateur, mille s'élèveraient en leur faveur pour plaider leur cause et maintenir leurs droits.

(1) Ne pourrait-on admettre des bases plus fixes. L'importance des

Le service du transport des dépêches et des voyageurs a lieu, en 1818, par le moyen de malles-postes d'une construction élégante et commode. Cette mesure, tout entière dans l'intérêt des maîtres de poste, très-coûteuse dans son principe, est provoquée par la diminution successive des voyageurs, qui préféraient aux malles établies en 1791 les voitures publiques perfectionnées de plus en plus.

Pendant les années 1819, 1820, 1821, les changemens successifs opérés dans toutes les branches de l'administration y apportent d'heureuses améliorations. Elles sont tout à la fois dans l'intérêt du trésor, auquel elles offrent plus de garantie ; et, dans celui des comptables, dont elles tendent encore à accroître la sécurité.

La poste aux lettres, par la nature de ses produits, avait un système de comptabilité qui n'était nullement en rapport avec celui des administrations financières. Les directeurs n'arrêtaient leurs comptes mensuels et d'années, qu'après la réception des dernières dépêches (1) expédiées par leurs correspondans pendant le cours de la même pé-

---

produits, celle des localités, serviraient, entr'autres considérations, à établir la progression convenable pour chaque direction. D'ailleurs ; n'aurait-on pas égard à la responsabilité à laquelle est soumis l'employé des postes dans un travail de cette nature, et à l'assiduité si constante qu'il exige et qui devient telle, qu'elle ne lui laisse aucun jour, aucun moment même dans le jour dont il puisse disposer. N'est-il pas, en outre, des obligations sociales auxquelles assujettit naturellement une administration dont le rang élevé doit être soutenu dignement. Cependant, nous ne croyons pas qu'on observe à l'égard des agens des postes la proportion établie pour ceux des autres parties. Par exemple, le directeur d'un bureau placé dans une ville dont la population est de 80,000 ames, et celui où elle n'est que de 5000 habitans, qui touchent, le premier, 4000 fr., et le second 1200 fr., ont-ils un traitement comparativement égal à celui des autres fonctionnaires. Une question de cette importance, que nous ne faisons qu'indiquer, nous semble de nature à donner lieu à d'utiles réflexions.

Espérons qu'après les résultats importans obtenus par les diverses améliorations qui ont eu lieu et que nous remarquons encore, l'administration qui exerce une sollicitude si paternelle sur ses nombreux agens, remplira le vœu qu'ils forment tous de voir enfin leur traitement éprouver une augmentation proportionnelle.

(1) On conçoit qu'une dépêche expédiée le 31 du mois d'un bureau pour un autre éloigné de 100 lieues, ne peut y parvenir

riode mensuelle, quoiqu'elles ne leur parvinssent le plus
ordinairement que dans les premiers jours qui suivaient
le mois auquel elles se rapportaient. On avait tenté in-
fructueusement divers moyens pour remplacer ce mode
peu conforme aux nouvelles mesures introduites dans
les opérations des postes. Une transition heureuse, long-
tems cherchée, y conduisit. Elle consista à substituer
tout simplement la date de réception des envois à celle
d'expédition. Alors l'irrégularité apparente, qu'on ne
considérait comme telle que parce qu'elle consistait dans
une exception (conséquence de l'exception que forment
elles-mêmes les postes à l'égard des autres administrations),
disparut. Mais l'ancien mode de comptabilité, très-ingé-
nieux dans son ensemble, puisqu'il avait lieu par le moyen
du contrôle réciproque des états tenus contradictoirement
dans chaque bureau, était également très-satisfaisant dans
ses résultats. Il est vrai de dire que le nouveau, en offrant
la même exactitude, a l'avantage, si c'en est un, de rendre
l'interprétation des écritures plus facile aux personnes
étrangères aux postes ou peu familiarisées avec leur pratique.

Il y a loin de cette théorie, que donne la science des
chiffres, à ces connaissances positives qui sont le fruit de
l'expérience, qui seule peut servir de guide au milieu des
nombreux détails d'une administration si compliquée (1).

On comptera parmi les mesures utiles introduites par
M. de Mezy, l'établissement des malles-postes à 4 places

---

que le 2.º jour du mois suivant (en ne supposant aucune cause
de retard), et qu'on ne pouvait y arrêter aucune écriture avant
ce terme.

(1) Telle est la raison pour laquelle toute suppression d'un agent
spécial devient impossible. Quel que soit le système qu'on adopte
à l'avenir, les opérations des postes seront toujours assez multipliées pour exiger une surveillance active et continue. La vérification des caisses n'est qu'une mesure de pure forme, et même
surabondante, puisqu'à l'inconvénient d'être assujettissante pour le
comptable, elle est sans but d'utilité pour l'administration supérieure
qui pourrait connaître la situation journalière de ses agens par les
contrôleurs, par prévision même, si les bordereaux mensuels ne
l'établissaient pas avec une rigoureuse exactitude.

Une organisation qui tendrait à changer la véritable destination des
postes, ne pourrait prévaloir long-tems sans entraîner de funestes
résultats.

(dont nous avons parlé plus haut), montées sur ressorts et sur 4 roues, et menées par 4 chevaux. C'est avec ces malles que s'exécute le service des postes sur les principales routes du royaume. Le public trouve à la fois les moyens de voyager avec rapidité et sans fatigue dans ces voitures de nouvelle construction, qui, sans avoir aucun des inconvéniens des anciennes, réunissent des avantages inappréciables.

Des réglemens ont fixé l'organisation du service des voyageurs dans les malles-postes.

Nous empruntons à l'ouvrage de M. Gouin, auquel nous avons déjà eu recours pour le prix des baux des postes, un des motifs qui ont amené ces heureux changemens dans la forme des voitures en activité aujourd'hui.

Frappé, dit-il (1), *des inconvéniens toujours renaissans de la construction vicieuse des malles, en 1791, l'administration des postes, dont M. de Mezy était directeur-général, s'occupa avec lui, en 1818, du soin de faire construire d'autres malles : une considération de la plus haute importance les y engagea : c'était le désir de remplir les intentions du Roi à cet égard.*

Sa Majesté, à son retour en France, avait aperçu sur la route de Calais la malle du courrier, et, la comparant aux malles-postes d'Angleterre, elle fut frappée du mauvais goût qui avait présidé à sa construction, et parut désirer qu'elle fut changée. Ce fut un ordre pour M. de Mezy, qui s'empressa de faire faire le dessin d'un nouveau modèle de malle, et le présenta au Roi, qui daigna l'approuver. Lorsque la première malle fut exécutée, Sa Majesté permit qu'on la lui fît voir à son relais de Besons, au retour de sa promenade. Sa Majesté en témoigna sa satisfaction, en ajoutant qu'elle la trouvait de meilleur goût que les malles anglaises, et surtout plus commode pour les voyageurs. J'étais au nombre des personnes qui accompagnaient la nouvelle malle, et je fus l'heureux témoin de ce qui s'est passé à ce sujet.

La retenue proportionnelle sur les appointemens des employés des postes cesse d'avoir lieu.

M. le duc de Doudeauville, ministre d'Etat, pair de

(1) Auteur cité.

France, succède, en 1822 (1), à M. de Mezy, dans la place de directeur-général des postes.

Les attributions de cet emploi sont définies ainsi : Le directeur-général dirige et surveille, sous les ordres du ministre des finances, toutes les opérations relatives au service. Il travaille, seul, avec le ministre des finances. Il correspond, seul, avec les autorités militaires, administratives et judiciaires.

Il a, seul, le droit de recevoir et d'ouvrir la correspondance. Il signe, seul, les ordres généraux de service.

Mais le privilége d'être admis à travailler seul avec Sa Majesté, dont ont joui de toute ancienneté les conseillers grands - maîtres des coureurs de France, les contrôleurs-généraux, les généraux, les surintendans et les intendans-généraux des postes, a été conservé aux directeurs-généraux des postes.

Les places d'inspecteurs-généraux sont supprimées et remplacées par celles d'administrateurs-généraux, qu'occupent MM. le marquis de Bouthillliers, Gouin et le vicomte de Raucogne.

Le ministre des finances assigne à chacun le travail qu'il doit diriger sous l'autorité et la surveillance du directeur-général.

Les agens supérieurs des finances sont spécialement chargés de vérifier la comptabilité et la caisse des directeurs des postes.

L'envoi des sommes d'argent déposées dans les bureaux de poste, qui, après avoir eu lieu de bureau à bureau, avait été restreint à Paris seulement, cesse également d'avoir ce cours ; les directeurs restent chargés de cette recette, et s'en débitent journellement. L'excédant des produits accrus par cette mesure continue à être versé dans les caisses des receveurs particuliers des finances.

Il est fait défense aux étrangers et particulièrement aux Anglais résidant en France, d'expédier leurs lettres par l'intermédiaire de leurs ambassadeurs. Nous avons déjà remarqué combien un abus de cette nature avait nui aux recettes des postes.

Une convention est conclue, par la médiation de M. le duc de Doudeauville, entre les maîtres de poste

_____

(1) 1.er janvier.

et les entrepreneurs des messageries, rue Notre-Dame-
des-Victoires, à Paris (1). Elle a pour objet de rendre ces
derniers exempts du droit de 25 centimes envers les
premiers, à la condition d'employer les chevaux de la
poste à la conduite de leurs voitures.

La guerre entreprise en 1823, pour la délivrance de
l'Espagne, exige de nouveau que le paiement à vue des
reconnaissances adressées aux militaires de terre et de
mer soit rétabli.

Elle donne lieu à une instruction réglementaire sur
l'organisation des postes d'armée, dont le service ne
pouvait être assujetti aux mêmes mesures que celui des
postes civiles. De tout tems, dans des circonstances semblables, elles subirent diverses modifications; mais elles

---

(1) Un semblable traité n'a pu être encouragé qu'à cause des
avantages qui doivent en résulter pour les maitres de poste. On
a dû chercher à compenser la privation des priviléges qui leur
avaient été accordés originairement, et qui leur ont été retirés
en 1790. Les exemples passés, et celui plus récent de la perte
de trois cents chevaux occasionnée par le poids des voitures établies en 1791 ; l'état des routes ; les ressources présumées des
maitres de poste pour conduire avec un égal succès les nouvelles
malles et les messageries qui en diffèrent, tant par leur pesanteur
que par leur surcharge; la réduction (au moins d'un tiers) des
recettes sur les voyageurs, suite naturelle d'une concurrence tout
au désavantage de l'administration, causée par l'infériorité des prix
des messageries; tout, dis-je enfin, a dû être subordonné à une
expérience de plus de trois siècles, pour assurer à ce nouveau
mode d'organisation la stabilité qui réalisera les espérances tant
de fois déçues des maitres de poste.

En établissant les malles-postes sur les principales routes du
royaume, M. le duc de Doudeauville s'est proposé, sans doute,
d'étendre le bienfait de cette mesure à toutes celles où le besoin
des relais le commande si impérieusement.

Il est aisé de prévoir les avantages qui en résulteraient pour
les maitres de poste, dont les chevaux seraient constamment employés à leur véritable destination, pour le public qui verrait plus
de sécurité dans le transport des dépêches confiées aux seuls agens
de l'administration ; enfin, pour les entrepreneurs mêmes de ces
services, qui, séduits par les prix toujours réduits à chaque bail
qu'ils en retirent, cherchent à s'opposer, par ce faible avantage,
aux concurrences qui s'élèvent continuellement. Elles cesseraient
dès l'instant que l'administration userait de son privilége exclusif,
et la ruine d'un grand nombre d'individus, qui ne savent sur quelle
branche d'industrie porter leurs capitaux, serait arrêtée par l'effet
de cette mesure aussi politique que morale.

furent toujours maintenues sous la dépendance de l'administration générale.

Leur composition est réglée d'après les bases suivantes : Un agent supérieur, sous le titre de commissaire (1), est chargé de les diriger. Il réside au grand quartier-général, travaille ou correspond seul avec l'intendant-général, pour tout ce qui concerne le service des postes militaires. Il a sous ses ordres des inspecteurs, des directeurs, des contrôleurs, des employés et sous-employés : on comprend sous cette dénomination les courriers et les postillons.

Il était facile de prévoir les dépenses (2) que devait occasionner la création d'un service de cette importance dans un pays où les libérateurs faisaient eux-mêmes les frais de leurs victoires ; elles se sont élevées à 2,422,167 fr. Les estafettes journalières ont beaucoup contribué à l'augmentation de ces frais.

En 1824, ce service a subi des modifications qui ont été réglées par les conventions faites, au nom des deux puissances, par le marquis de Talaru, ambassadeur de France, et le comte Ofalia, premier secrétaire-d'état, surintendant-général des courriers et postes d'Espagne et des Indes.

On y remarque, entr'autres articles, que toutes les lettres de service de l'armée française, qui seront contresignées, seront reçues aux bureaux ordinaires de poste, et remises franches de port ;

Que les estafettes, courriers et voyageurs militaires paieront les chevaux et autres rétributions de poste sur le même pied que les courriers espagnols : ils seront, ainsi que les convois militaires, transports de vivres, équipemens et munitions, exempts des droits de chaîne établis pour l'entretien des routes ;

Que pour la sûreté des communications et de la correspondance, le gouvernement espagnol fera placer des postes qui seront disposées de manière à pourvoir au service des escortes, pour les convois, expéditions d'ef-

---

[1] M. le marquis de Regnon.
[2] L'établissement de la ligne télégraphique de Paris à Bayonne a coûté 300,000 francs.

fets ou approvisionnemens, officiers en mission et courriers de l'armée française ;

Que les employés des postes de l'armée française
seront chargés de l'expédition et de la réception de la
correspondance française ; le transport des dépêches
closes sera exécuté par les courriers ordinaires du service espagnol, sur toutes les routes où il n'y aura point
de malle française établie. Il sera ouvert un livret d'é-
margement pour constater la remise qui sera faite des
dépêches , tant pour le départ que pour l'arrivée , entre
les deux offices français et espagnol ;

Enfin, que dans les petites garnisons et cantonnemens
où il n'y aurait pas d'employés de la poste française, la
correspondance pour le service arrivera contresignée,
et elle sera remise, franche de port, par le directeur
de la poste civile.

Plus tard, l'armée d'occupation ayant été considérablement réduite, le service des postes françaises en
Espagne a été supprimé. Le transport des dépêches a
lieu par l'entremise des postes espagnoles, et les payeurs
de l'armée française sont chargés de les expédier et de
les recevoir.

M. le comte de Kerespert est nommé administrateur
des lignes télégraphiques.

Une nouvelle instruction pour la poste aux chevaux
était devenue indispensable , tant pour éclairer les
maîtres de poste sur leurs obligations, que les voyageurs sur leurs droits. Les nombreuses modifications
apportées par les circulaires en rendaient l'interprétation sujette à des contestations sans cesse renaissantes
et auxquelles il était tems de mettre un terme. Tous
ces élémens rassemblés dans un nouvel ordre ne lais-
seront plus d'incertitude sur l'application des mesures
réglementaires relatives à la poste aux chevaux.

On voit combien les heureuses réformes introduites
par M. le marquis d'Herbouville , continuées avec le
même succès par M. de Mezy , ont reçu de développemens par les soins de M. le duc de Doudeauville (1),

_____

(1) Il est juste de dire aussi qu'il a été parfaitement secondé ,
dans ces utiles améliorations, par les lumières, le zèle et l'expé-

sous la direction duquel l'organisation des Postes a atteint un grand degré de perfection.

Tout prouve que l'administration de M. le marquis de Vaulchier (1), appelé à succéder à M. le duc de Doudeaudeville, nommé ministre de la maison du Roi, dans cette charge aussi élevée qu'importante, ne sera pas moins remarquable que celle de ses prédécesseurs.

M. Barthe-Labastide remplace, presqu'à la même époque, M. de Bouthillers, nommé directeur général des eaux-forêts.

On a pu juger, au milieu des variations que les Postes ont subies depuis leur création, que les bases sur lesquelles elles reposent n'ont pu être renversées.

D'après l'édit de leur fondation, des relais étaient établis de quatre lieues en quatre lieues sur les grands chemins, où on entretenait des chevaux propres à courir le galop pendant leur traite : chaque relais était dirigé par un maître chargé de conduire ou faire conduire les courriers porteurs des dépêches et munis d'un ordre du grand-maître, ainsi que les voyageurs ayant des passe-ports : tous les courriers devaient suivre les routes où les relais étaient montés, afin de faire constater leur activité et leur ponctualité à remettre les paquets qui leur étaient confiés.

Certes, dans ce peu de mots, il serait impossible de ne pas reconnaître l'organisation actuelle des postes. Les maîtres ont conservé leur dénomination primitive, les relais leurs distances, les courriers la même responsabilité constatée par le port d'aujourd'hui (2).

Que restait-il à faire pour étendre les bienfaits de cette institution toute politique ? Il ne fallait qu'établir les relais suivant les localités, et multiplier le nombre des bureaux de poste à mesure que les relations augmentaient. Les progrès furent si rapides,

---

rience de MM. de Bouthillers, Gouin et de Rancogne, administrateurs des Postes, qui ont concouru de tout leur pouvoir à en assurer le succès.

(1) 18 août 1824.

(2) Feuille signée par les agens des Postes, qui indique le nombre des dépêches que le courrier reçoit pour les remettre sur les divers points de la route qu'il doit parcourir.

qu'en moins de deux siècles on comptait plus de mille
relais occupés par des maîtres de Poste, qui entretenaient des chevaux pour le service public des dépêches
et des voyageurs qu'ils conduisaient en voitures; neuf
cents bureaux, où le travail des lettres dirigées avec
ordre sur tous les points de la France se faisait, sous
la surveillance d'inspecteurs, par des directeurs, des
contrôleurs, des commis, des facteurs et des distributeurs. Tout était déjà si bien ordonné, que des cartes
géographiques indiquaient la position des bureaux sur
lesquels les lettres devaient être acheminées; que des
tarifs en fixaient la taxe, et que la marche des courriers
n'éprouvait aucun retard, même dans la saison la plus
rigoureuse de l'année.

Quels changemens remarque-t-on aujourd'hui? Une
augmentation dans les relais, qu'on peut porter à 1463;
dans le nombre des bureaux de poste (1), qui est
de 1371, non compris les distributions; un accroissement dans les produits; une activité aussi merveilleuse dans le travail, mais facilitée par des moyens
plus perfectionnés. Quelques variations dans les dénominations attachées aux emplois supérieurs, auxquels
les mêmes attributions étaient dévolues, constatent-
elles une création? Ces légères modifications ne peuvent en avoir le caractère. Mais tout ce qui tient à
l'organisation des Postes se reproduit ici comme il y
a plus d'un siècle. Les surintendans généraux et leurs
conseils sont remplacés par les directeurs généraux et
les administrateurs; les inspecteurs remplissent les
mêmes fonctions; les directeurs chargés des mêmes opérations, ont la même responsabilité; les contrôleurs
exercent encore la même surveillance sur ce travail
auquel les commis participent comme par le passé; les
facteurs, les distributeurs portent et remettent les missives de la même manière; les courriers employés au
transport des dépêches sont toujours responsables de
celles qu'ils reçoivent; les maîtres de Poste fournissent
exclusivement des chevaux au terme des réglemens; et

(1) Il était de 1541; mais ce nombre a été réduit depuis plusieurs
années.

les postillons conduisent, comme dans l'origine, les voitures, ou accompagnent les voyageurs qui courent à cheval.

Le mouvement journalier et continu qui a lieu entre Paris et les provinces, peut donner une idée du travail et des opérations des Postes.

Le nombre des lettres taxées, qui circulent annuellement par la Poste, est de 60 millions ; celles expédiées en franchise peuvent être portées à pareil nombre ; ce qui forme un total de 120 millions de lettres ou paquets transportés par la Poste.

La petite Poste perçoit annuellement, à Paris seulement, quatre millions et demi environ (1), à peu près le sixième des produits que rendent les Postes. Le maximum des recettes a lieu en janvier, et le minimum, en septembre. On jette tous les jours dans les boîtes de la capitale 25 ou 30 mille lettres, dont 8 ou 10 mille pour la petite-poste, et 35 mille feuilles périodiques ou prospectus. On met en rebut, chaque année, près de 144,000 paquets pour Paris seulement.

Les registres, états et autres imprimés (2) destinés spécialement aux opérations, soit journalières, soit mensuelles, sont multipliés à l'infini. Les réglemens, les circulaires, les ordonnances, modifiés sans cesse par de nouvelles instructions, sont aussi très-nombreux ; et, malgré tous ces détails, le travail doit être d'une célérité extrême et d'une exactitude rigoureuse dans les calculs.

Qu'on juge, par cet exposé d'un pareil service, de l'ordre, du soin, de la scrupuleuse attention des agens des Postes à classer, taxer et diriger ces innombrables missives, afin de leur faire suivre la seule direction convenable pour éviter le moindre retard dans la réception ; de l'intelligence nécessaire pour interpréter

_____

[1] 1815, 3,802,343.
    1816, 4,179,507.
    1817, 4,260,074.
    1818, 4,376,267.
    1819, 4,375,300.
    1820, 4,353,025.
[2] Ceux qui sont employés pour toutes les opérations relatives aux Postes, s'élèvent à plus de 1200.

le code si étendu qui leur sert de guide dans ces opérations aussi délicates que rapides. Nous ne parlerons
point des états et des pièces qui servent à établir une
comptabilité de cette nature, et qui leur rendent la
science des chiffres si familière. Il y a dans tout cela
plus qu'une simple manipulation de lettres, et moins
que de la routine.

L'accroissement du produit des Postes a été prompt
dans l'espace d'un siècle ; mais on n'y remarque plus
d'amélioration dans les époques suivantes. La comparaison des trois périodes des Postes, qui embrassent le
tems où elles sont devenues profitables aux revenus du
Roi, fera naître les réflexions de l'observateur.

En 1663, la ferme des Postes rapporte, pour la pre-
            mière fois.................... 1,200,000 fr.
En 1788, ... 12,000,000
En 1825, *régies pour le compte du Roi*... 12,690,000 (1)

La progression de la première à la deuxième offre
une amélioration sensible, et dans l'organisation et dans
les produits ; mais aucune différence notable ne paraît
exister de la deuxième à la troisième, malgré les inno-
vations qu'on a introduites dans les Postes, la surveillance qu'on exerce sur toutes les parties qui les composent, le système de comptabilité opposé à la gestion
des fermiers-généraux, enfin, l'augmentation du port
des lettres qu'on peut évaluer à moitié.

Si l'on voulait en chercher la cause, on la trouverait peut-être dans les moyens de correspondre qui
n'ont pas multiplié les relations en les rendant plus
fréquentes ; dans les frais pour faire parvenir les lettres
sur les points les plus reculés du royaume, soit trois
fois la semaine, soit même tous les jours, et avec une
accélération telle, qu'elles mettent à peine 40 heures
pour parcourir une distance de 100 lieues et être remises aux destinataires ; dans la facilité de voyager plus
promptement et à bas prix, ce qui a porté la plupart
des négocians et des fabricans à expédier des commis

----

(1) Les produits bruts des postes ont été, en 1823, de 25,350,000 fr.,
et sont portés, par prévision, à la même somme pour 1825. La
dépense est de 12,660,000 fr. ; la taxe fictive des paquets qui circulent
en franchise, peut être portée à 18,000,000.

qui entretiennent ainsi les liaisons ou en forment de
nouvelles. Cette facilité de se transporter rapidement
d'un lieu à un autre est si remarquable, qu'où l'on
mettait autrefois dix jours, il ne faut plus aujourd'hui
que soixante-dix heures. Il en est de même des distances qui n'étaient parcourues qu'en trois jours et qui
le sont actuellement en douze heures. Il y a, comme
on le voit, économie de tems et de dépense, et par
conséquent, diminution de correspondance. Ne doit-on
pas aussi conclure de là que le transport frauduleux
des lettres et paquets n'ait pris encore de l'extension par
la fréquence des occasions moins coûteuses que la Poste.

Mais la principale raison, n'en doutons nullement,
est dans l'état actuel de la société dont les postes ont
étendu successivement les relations, satisfait les besoins, multiplié les ressorts, et établi, par un concours
réciproque et régulier, ce mouvement nécessaire à sa
conservation. Tant que ce but n'a pas été atteint, les
avantages qu'elles lui procuraient ont dû être en proportion de la perfection vers laquelle tendait cet établissement. Il y semble parvenu, et on ne doit pas
raisonnablement espérer de voir les produits des postes
subir d'augmentation notable.

Ce qui appartient essentiellement à notre époque,
c'est l'ordre introduit dans les recettes et les dépenses
par des hommes habiles qui ont perfectionné les nouveaux systèmes de comptabilité ; c'est cet ensemble de
tant de rouages et d'opérations portées à l'infini et ra-
menées, avec un art surprenant, au point central d'où
tout émane ; ce sont, enfin, ces bases larges sur lesquelles repose une administration tellement importante
que rien ne peut en entraver la marche rapide et régulière, ni en suspendre, sans danger pour la société,
le mouvement continu.

Cette institution, n'en doutons point, reprendra
toute son influence primitive sous un Roi qui, à l'exemple
de ses prédécesseurs, est si digne de la faire fleurir
dans l'intérêt de la morale publique ; et les postes, enfin,
seront moins considérées par leurs produits que par
leurs rapports politiques et sociaux.

TROISIÈME PARTIE.

DES POSTES CHEZ TOUS LES PEUPLES.

Nous avons vu de quelle manière les postes, après avoir été établies en Orient, se sont répandues chez quelques nations de l'Occident, et plus particulièrement en France. Nous désirerions compléter notre travail en suivant leur histoire chez tous les peuples du monde. Mais, si elle se réduit pour le plus grand nombre à quelques notions générales, du moins est-elle susceptible d'offrir plus d'intérêt en Europe, où les Français ont été les premiers à introduire ce moyen rapide de correspondre avec régularité. A la gloire d'avoir été les créateurs de cette institution chez les modernes, se joint, pour eux, celle de l'avoir portée à un point de perfection auquel leurs imitateurs ont vainement cherché à arriver jusqu'à ce jour.

ALLEMAGNE.

Ce ne fut qu'un demi-siècle après l'introduction des postes en France, que l'Allemagne suivit, la première, cette heureuse impulsion, qui devait se communiquer insensiblement à toute l'Europe.

Le comte François de Taxis les établit vers la fin du règne de Maximilien I.ᵉʳ, et en eut la direction générale, après avoir été autorisé à faire les avances qu'exigeait une institution de cette importance. L'empereur, qui avait toujours de grands intérêts à ménager avec son petit-fils l'archiduc Charles, souverain des Pays-Bas, voulut que les premières postes fussent mises en activité, de Bruxelles à Vienne, avec l'agrément des états dont cette route traversait le territoire.

Cet établissement reçut de grandes améliorations sous le règne de Charles-Quint, par les soins de Jean-Bap-

tiste de Taxis ; et Philippe II prolongea un embranchement de sa poste d'Italie, pour joindre celle des
Pays-Bas à Augsbourg.

L'empereur Mathias, en récompense des services
importans que ne cessaient de lui rendre les princes
de la maison de Taxis, dans la conduite de cette entreprise déjà si répandue, érigea la surintendance générale
des postes d'Allemagne en fief de l'empire, en faveur de
Lamoral, baron de Taxis et de ses descendans. Et, comme
les successeurs de Charles-Quint possédaient l'Allemagne, l'Espagne, les Pays-Bas et une partie de l'Italie,
le titre de grand-maître des postes de tous ces états y
fut attaché. Elles portèrent même pendant long-tems la
dénomination de postes espagnoles.

Les changemens survenus dans l'empire d'Autriche
ont restreint les priviléges accordés aux princes de la
maison de Taxis. Ils n'ont conservé que la direction
des postes féodales d'Autriche, de Hanôvre et de
quelques autres parties de l'empire (1). C'est là aussi
qu'ou remarque la régularité et la célérité qui contribuent à donner à ce service une supériorité que les
princes de Taxis tiennent sans doute à honneur · de
transmettre à leurs successeurs, comme ils l'ont reçue de
leurs ancêtres, auxquels les empires du nord doivent
cette institution.

M. le comte de Nadardy, président de la Chambre
aulique, est directeur-général des postes et des messageries impériales et royales.

L'administration des postes de chaque province est
confiée à un directeur principal, dont dépendent des
directeurs particuliers. Le directeur des postes à Vienne,
par exemple, est administrateur des bureaux de toute
la province de la Basse-Autriche.

M. le baron de Lilsen, conseiller aulique, chambellan
de l'empereur, intendant-général des postes étrangères,
est chargé, conjointement avec M. le prince de Metter-
nich, de tout ce qui est relatif aux offices étrangers.

---

[1] M. Randel a porté le nombre des officiers et commis employés
autrefois dans leurs postes, à 20,000, et le produit net auquel elles
s'élevaient à un million de rixdalers; selon d'autres, à un million de
florins.

14

Le transport des dépêches se fait, généralement, dans les provinces, par des charrettes (1) ou carrioles légères, découvertes, à quatre roues, attelées d'un cheval; et, lorsque la correspondance l'exige, et qu'on est forcé d'expédier deux grandes valises, placées sur le devant, on ajoute un autre cheval que conduit, de la voiture, le postillon assis dans le fond.

Les postillons, distingués autrefois par une petite trompe brodée sur leur habit de drap jaune, en portaient une autre en argent qui servait à annoncer leur départ, leur arrivée, ou à faire ouvrir les portes des villes pendant la nuit. Ils avaient aussi un petit écusson sur lequel était gravé le nom du lieu d'où ils étaient expédiés. Ces postillons conservent encore ces divers attributs.

De semblables distinctions varient suivant les états. En France, par exemple, les postillons se servent, comme dans l'antiquité, seulement d'un fouet, dont le bruit, habilement modifié, suffit pour faire connaître l'instant de leur départ, celui de leur arrivée, ou leur passage sur la voie publique, afin de prévenir tout retard, ou d'éviter tout accident.

Les distances entre les relais n'ont aucune uniformité. Il arrive souvent de faire sept milles avant de trouver un relais; ce qui a lieu entre Wismar et Rostock.

Quant aux routes (2), il y a peu d'années encore qu'on se plaignait de leur état d'abandon. On trouvait aussi que les postillons (3) s'occupaient plus de soigner leurs chevaux (4) que de contenter les voyageurs. Il existait un impôt sous le nom de shimrr (5), qui consis-

---

(1) Dans la partie sous la dépendance des princes de Taxis, ces voitures offrent plus de commodité et de perfection.

(2) M. de Meiners assure que les chemins du midi l'emportent sur ceux du nord. On s'occupe à établir des routes en fer en Bohême. Celle entre Budweer et Mauthausen est entreprise. Les travaux préparatoires pour celle entre Prague et Scilsen, ont déjà eu lieu.

(3) Ils portent le nom de phwager, c'est-à-dire beau-frère, dénomination dont on ignore l'origine.

[4] Les chevaux d'Allemagne sont forts et bons pour le trait; mais ils le cèdent en légèreté et en vitesse à ceux d'Angleterre. La Bavière, la Franconie, la Poméranie et le Mecklembourg, sont les provinces où l'on nourrit les meilleurs chevaux.

[5] Graisse.

tait à graisser les roues des voitures, qu'on démontait, à cet effet, à chaque poste. On courait le risque de manquer de chevaux en cherchant à se soustraire à ce tribut onéreux.

S'il en est ainsi, c'est à juste titre qu'on a prétendu que la police, à l'égard des maîtres de poste, n'était pas très-sévère en Allemagne (1). On sait qu'en France il en est autrement.

On y trouverait aussi très-gênante l'obligation de ne se servir que de la poste une fois qu'on a commencé à prendre cette voie, ou de ne pouvoir, dans le cas contraire, employer les chevaux de louage qu'avec l'autorisation des maîtres de poste, qui, sans doute, ne l'accordent que difficilement.

Dans l'Empire (nom qu'on donne aux provinces méridionales) le prix des postes est d'un florin trente kreutzers par cheval et par mille (2). Mais ce prix varie considérablement suivant les lieux, soit à cause de la diversité des états, soit aussi en raison de la cherté des fourrages. A Lubeck, on ne trouve point de chevaux de poste.

Si l'on est exposé à perdre beaucoup de tems par le péage des barrières établies sur les routes d'Allemagne et du Tyrol, on peut facilement aussi éviter ces retards en payant d'avance aux postillons tous les droits auxquels on est assujetti, et qu'ils se chargent d'acquitter.

Le service de la poste aux lettres se fait avec assez de régularité en Allemagne. On y a apporté dernièrement quelques changemens, soit dans le travail des lettres, soit dans la marche des courriers qui parcourent actuellement une poste en une heure et demie.

Le port des lettres est réglé par des tarifs (3) établis

[1] Dans le pays de Brunswick on trouve affiché, à chaque bureau de poste, les noms des commissaires désignés par le prince pour terminer les différends entre les voyageurs et les maîtres de poste.

[2] En Hesse, 10 gros par mille; en Saxe, 10; 12 dans le pays de Brunswick et le Hanovre, et 8 dans le duché de Mecklembourg. En 1789, il en coûtait un florin par poste simple, excepté dans les états héréditaires où ce prix était réduit à trois quarts de florin.

[3] En Bavière, dans le duché de Bade et les postes féodales, la lettre cesse d'être simple dès qu'elle pèse 7 grammes et demi.

sur des bases moins fortes que celles adoptées par les
autres nations de l'Europe, et calculé sur la population,
les relations commerciales de l'intérieur et de l'extérieur, et sur le cours de l'argent.

A Vienne, l'établissement de la petite-poste a commencé en 1772. Il est dû à M. Schotten, qui suivit
l'exemple donné en France, douze ans auparavant,
par M. Chamousset. Le port de la lettre est d'un kreutzer,
et de 3, 5, 17 kreutzers et plus, au-delà des lignes,
en proportion de la distance à parcourir. Cette superbe
capitale compte plus de 3,000 carrosses de personnes de
marque, 500 fiacres et au moins 80 chaises à porteurs.
Le nombre des voitures publiques y est très-considérable.
Il y a même des points sur lesquels il en est expédié 15
ou 20 par jour.

On trouve à Hambourg des bureaux de poste pour
divers états ; tels que l'Empire, le Hanôvre, le duché
de Brunswick, la Suède, le Dannemarck, le Mecklem-
bourg-Schwerin, la Hollande, l'Angleterre, les Etats-
Unis, etc. La petite-poste a son bureau particulier et
ses messagers qui parcourent les rues six fois par jour,
en annonçant leur présence par une sonnette.

L'usage des télégraphes, dont les premières expériences remontent à 1799, est peu répandu. Ces machines sont loin d'être aussi perfectionnées qu'en France :
elles ne sont employées que pour des avis maritimes,
sur quelques points seulement.

Les grands fleuves qui arrosent l'Allemagne, facilitent beaucoup les voyages par eau. Il y a sur plusieurs
de ces fleuves un marktscheff ou coche d'eau, qui va
à tems réglé d'un lieu à un autre. L'introduction des
bateaux à vapeur rendra cette navigation et plus régulière et plus commode. Le premier a été lancé en Ba-
vière(1), près de Fredéricshasen, sur le lac de Constance.
Il y en a eu trois de construits dans les duchés de
Bade et Wurtemberg (2).

On voyage sans danger sur les routes généralement
étroites, qui coupent ces divers duchés, par l'adresse

---

[1] Le Max-Joseph.
[2] Le Guillaume entr'autres. Les rouages de ces bâtimens, destinés
à un service continuel, ont été confectionnés à Liverpool.

des cochers allemands. On ne peut aussi éprouver d'incertitude sur les lieux où l'on se rend, puisqu'à tous les carrefours des routes un poteau indique, non seulement le nom du canton ou du district, mais encore la direction des chemins et la distance de chaque point aux villes de quelque importance. Cet usage a lieu dans plusieurs autres parties de l'Allemagne, où l'on a établi des colonnes milliaires qui marquent, avec la même précision, les distances entre chaque endroit.

L'art de dresser toute espèce d'animaux n'offre plus rien de surprenant depuis qu'on voit, à Munich, deux énormes loups traîner une calèche. Ils appartiennent à un ancien négociant russe qui les a trouvés très-petits dans un bois près de Wilna, et qui a si bien réussi à les apprivoiser, que loin d'avoir conservé quelque chose de leur instinct féroce, ils ont toute la docilité du cheval le mieux dompté. La police exige seulement qu'il soient muselés, afin de prévenir tout accident; car, quoique cette calèche traverse la ville habituellement trois fois par jour, la foule n'en montre pas moins d'empressement à considérer ce singulier spectacle.

Par arrangement conclu dès 1819, entre le roi de Wurtemberg et le prince de la Tour et Taxis, les postes de ce royaume ont été conférées de nouveau, à ce dernier, comme fief héréditaire et masculin de la couronne. Ce prince, en sa qualité de grand-maître des postes de l'empire, s'est fait représenter dans leur direction pas M. le baron Wrintz Barberick, conseiller privé, directeur-général des postes.

Si cet exemple avait des imitateurs parmi les divers princes de l'Allemagne, il est à croire que les postes de l'empire, sous les descendans de celui qui les a instituées dans le nord de l'Europe, parviendraient à un plus haut point de prospérité.

La Hongrie manque non-seulement de routes bien entretenues, mais aussi de canaux pour multiplier les communications par le moyen des rivières. Les chariots de poste dont on se sert sont très-mauvais, découverts, sans ressorts et construits de la manière la plus grossière. Quant aux chevaux, ils sont très-estimés, surtout ceux élevés par les Arméniens.

Les postes, dont plusieurs appartiennent au prince

Estherhazy, font partie des revenus de ce royaume;
et, quoiqu'elles soient assez bien entretenues, les voyageurs, munis d'un ordre du gouvernement, ne peuvent
manquer ni de chevaux, ni d'aucun moyen de transport, que tout paysan est tenu de leur procurer.

Les loups qui habitent les forêts qui couvrent une
partie de la Hongrie, rendent les voyages quelquefois
dangereux. Il n'est pas sans exemple que des courriers,
dont plusieurs font le service à cheval, aient été dévorés par ces animaux. Ils y sont tellement multipliés,
qu'en 1803 ils détruisirent plus de 1500 têtes de bétail
dans une seule province (1).

On serait porté à croire que dans les divers états dépendans de l'empire, les maîtres de poste sont tous
d'anciens militaires auxquels ces places offrent d'hono-
rables retraites. Leur costume paraîtrait confirmer cette
assertion : il consiste en un dolman bleu clair, bordé
de fourrures et orné de boutons et de galons de soie;
un pantalon bleu galonné de la même manière, et des
demi-bottes. Ils portent tous de longues moustaches.

Parmi les édifices destinés aux postes, dans les états
dépendans de l'empire d'Allemagne, celui de Prague
est très-remarquable.

On est forcé d'affranchir les lettres pour tous ces états,
le duché de Bade excepté.

PRUSSE.

Le service des postes se fait régulièrement en Prusse.
Il ne diffère pas sensiblement de celui employé dans les
autres états du nord. Le directeur-général actuel est
M. le baron de Nagler.

Le tarif n'est pas dans la proportion de celui de
France : la lettre est considérée comme simple au-dessous
de quinze grammes ou un loth.

Le directeur-général des postes a fixé la taxe des

---

(1) Les mêmes ravages ont eu lieu en Livonie, en 1823. D'après
le rapport de la régence, 1841 chevaux, 1243 poulains, 1807 bêtes
à cornes, 733 veaux, 15182 moutons, 726 agneaux, 3545 chèvres,
183 chevreaux, 4190 cochons, 701 chiens, etc., ont été dévorés —
Le gouvernement prend des mesures efficaces pour mettre fin à ces
ravages.

ports de lettres pour les papiers d'état ayant cours, de manière que, d'après le 37.ᵉ article du réglement du 18 décembre 1824, on paie, suivant le cours du jour en Prusse, pour les papiers monnaie de l'étranger et de tous les papiers d'état ayant cours, non un quart, mais un sixième du port fixé pour l'argent par le 32.ᵉ article dudit réglement. Quant aux papiers ayant cours, ils pourront être envoyés par la poste à cheval, en lettres recommandées, moyennant le port fixé par les articles 7 et 20 du réglement, sous la condition que le contenu des lettres sera déclaré exactement; mais sans que la poste le garantisse en aucune manière.

Berlin est la seule capitale de l'Allemagne où il soit question de poste royale ou double.

Quant aux routes de ce royaume, elles sont moins bien entretenues que dans les autres parties du continent. Il faut croire que la nature humide du sol contribue seule à leur donner si peu de consistance, ou que le gouvernement n'a pas encore porté son attention sur cette branche administrative qui devient l'objet des soins de presque tous les potentats de l'Europe. Les relais ne sont établis ni à des distances rapprochées, ni même à des espaces égaux. Il n'est pas étonnant aussi que, vu l'état des routes et les haltes fréquentes des postillons pour reposer leurs chevaux et leur donner de l'eau, on ne voyage pas avec célérité. Il y a tel relais, par exemple de Berlin à Rhemsberg (1), pour lequel 24 heures suffisent à peine. Dans les chemins ordinaires le postillon ne devrait mettre tout au plus qu'une heure et quart par mille. On paie par cheval et par mille 10 gros.

Les malles des voyageurs qui arrivent aux frontières de la Prusse, par la poste ou avec leurs chevaux, doivent être plombées par les commis de la douane, à moins qu'on ne veuille souffrir qu'elles soient ouvertes et visitées; ce qui est constaté par un certificat.

Les voitures construites en Prusse se sont répandues par toute l'Europe. On sait que celles appelées berlines ont été inventées par un architecte de ce royaume.

L'Affranchissement des lettres est forcé pour la Prusse.

_____

(1) Dix milles.

RUSSIE.

Anciennement en Russie, au lieu de se servir de chevaux pour les voitures, on y attelait des cerfs. L'usage des traîneaux était plus répandu pour courir la poste. Ces animaux les tiraient avec une telle rapidité, qu'ils faisaient plus de quatre milles par heure.

On a regardé pendant long-tems dans ce pays, comme un crime capital (1), de prendre la voie des voitures publiques, sans en avoir obtenu l'autorisation.

Dans la Finlande et dans la Laponie on employait les cerfs avec beaucoup de succès. Un seigneur allemand, du tems de Charles-Quint, en avait dressé un qui surpassait les chevaux les plus légers en vîtesse. Il le montait lui-même, et en fit l'expérience dans plusieurs courses publiques.

Au reste, ces exemples nous paraîtront d'autant moins étonnans, que nous avons eu beaucoup d'occasions de remarquer en France l'instinct, l'adresse, l'agilité et la docilité de cet animal. Mais il est très-douteux que dans les lieux mêmes où les cerfs sont les plus communs, on les assujettisse à un service régulier comme celui des postes.

Les rennes et les chiens sont également dressés, dans ces contrées glaciales, à tirer les traîneaux destinés aux voyageurs et au transport des dépêches. Il serait difficile de donner une juste idée de la rapidité avec laquelle ils les conduisent.

La poste aux lettres est administrée par un directeur-général ou grand-maître (2). Le prince Alexandre Galitzin, ministre des cultes étrangers et de l'instruction publique, est le directeur-général actuel des postes de l'empire Russe.

Il y a beaucoup d'exactitude dans le service de la correspondance; mais le port des lettres est très-élevé, quoique la lettre, d'après le tarif, ne soit considérée

---

(1) En France, on punissait de mort celui qui se servait des chevaux de poste sans un ordre du grand-maître des postes.

(2) En Livonie, les postes sont sous la direction du corps de la noblesse, et on trouve à chaque relais un commis des postes qui a sous lui un autre employé.

comme simple que jusqu'à 15 grammes ou un loth. Ce
prix a même augmenté, depuis quelques années, pour
subvenir aux frais de la construction d'un nouvel hôtel
des postes et d'un autre destiné au grand-maître. Ces
édifices, très-remarquables, sont terminés, et la taxe
n'a pas encore éprouvé de diminution. Il est à remarquer néanmoins que les postes ne produisent de profit que
dans quelques provinces où leur entretien ne coûte rien
à la couronne.

Nous pensons que l'obligation de jeter les lettres à la
boîte au moins seize heures avant le départ du courrier,
est toute au désavantage du public. Ce délai annonce-
rait que le travail des lettres ne serait pas aussi perfectionné qu'en France, où l'administration se réserve à
peine une heure pour le même objet.

La poste se charge des assignations de la banque, et
en répond moyennant demi pour cent.

A Saint-Pétersbourg, le nombre des voitures de tout
genre est plus considérable qu'il ne l'est dans les autres capitales de l'Europe. On distingue surtout le *droschky*
si élégant par son vernis et ses moulures. Il n'est cependant formé que d'une planche sur quatre roues, ce
qui lui donne quelque ressemblance aux chars-à-banc
de la Suisse.

Parmi les voitures de voyage on remarque le kibitka,
espèce de charrette qui a rapport, pour la forme, à un
berceau. Elle est ronde en dedans et a cinq pieds de
large : on n'emploie pas un morceau de fer dans sa
construction.

Le traînage ajoute encore à la facilité de voyager : on
fait placer et attacher sa chaise de poste sur les flasques
du traîneau ; et, comme les fleuves sont gelés et les
routes très-larges, on avance sans obstacle avec une
vîtesse extrême. Ainsi, il n'est pas rare que, sans
être arrêté par les distances, on aille dîner à 5 ou 6
milles (10 ou 12 lieues) de chez soi, pour revenir le
soir à son habitation.

On compte les distances par werstes. Des bornes
élevées, placées d'un côté des routes et peintes de noir
et de blanc, font connaître au voyageur la route qu'il
parcourt : de l'autre, sont des poteaux plus petits, ordinairement établis deux à deux, sur lesquels se trouve

15

écrit le nom des terres chargées de l'entretien des chemins et des bornes de chaque district. On ne paie nulle part de droits de route. Si l'on ne veut pas attendre aux postes, il faut, dit-on, se faire accompagner d'un bas officier, qui trouve toujours dans sa canne les moyens de stimuler les postillons : il est fort aisé de les obtenir des chefs de corps.

Les chevaux se paient deux copecs par werste, et il n'est rien dû au postillon (1), auquel cependant on donne quelque rétribution. Une voiture ou un traîneau qui contient deux ou trois places, n'est attelé que de trois chevaux. On n'en paie jamais plus qu'on n'en a ; et, même, si l'on est peu chargé, on n'en paie que deux. Cela dépend du podaroschna ou permis que l'on prend en partant, et sur lequel est désigné le nombre de chevaux qu'on emploiera. Il arrive souvent que, malgré les ordres du grand-maître des postes, les maîtres des relais vous rançonnent, surtout aux environs de Saint-Pétersbourg.

Mais, en général, on voyage très-rapidement en Russie, soit en hiver, soit en été ; surtout en Finlande, qui passe pour la partie de l'empire où l'on est le mieux servi par les postes (2). La vîtesse des chevaux russes est incroyable. Ces animaux sont communément courts ; leur poitrail est large, leur cou, long et maigre, et leur tête est ordinairement moutonnée ; ils supportent bien la fatigue. Les petits chevaux de Livonie sont fameux par leur durée et leur légèreté à la course. Parmi ces différentes espèces de coursiers, il en est une très-renommée dont la vîtesse est passée en proverbe chez les Mongols.

Les chemins entre les principales villes sont très-

_____

(1) Ils ne conduisent pas à cheval, mais ils ne sont pas difficiles sur les moyens de se faire un siége.

(2) Il y a 4 ou 5 ans que les établissemens de poste ont été construits à neuf dans certaines parties de l'empire. On trouve dans chaque maison trois chambres : une pour les voyageurs, une pour les maîtres de postes et l'autre pour les postillons. Une cour très-propre et entourée de haies, est placée devant chaque maison. Il y a dans chaque station 10 chevaux (autrefois 15 ou 20), et 5 ou 6 postillons russes ou tartares, suivant les lieux.

beaux, et il n'est pas extraordinaire de courir 25o
werstes (1) en 24 heures. On a introduit en Russie, sur
certaines routes, entr'autres sur celle de Kamenoi à
Ostrow, des ornières (fahrbahoun) en bois, dans lesquelles les voitures roulent doucement et sans bruit.
L'entreprise se fait aux frais de l'empereur; mais les propriétaires seront chargés à l'avenir des réparations, surtout dans les rues des villes.

Si l'on voyage à bon compte en Russie par la voie des
postes, c'est que le gouvernement supporte, en grande
partie, les frais qu'elles occasionnent ; mais la nécessité
dans laquelle on se trouve de porter ses provisions et ses
équipages, diminue beaucoup cet avantage, parce que
les aubergistes ne fournissent que le logement.

Quelques voyageurs préfèrent se servir, au lieu de la
poste, des jamtschtschikis ou voiturins russes, qui
marchent avec la même diligence, en changeant quelquefois de chevaux de slobode en slobode, chez les voituriers de leur connaissance.

La première classe des paysans serfs, ou paie l'obrok
à l'empereur, ou est employée à divers travaux, dans
lesquels le service de la poste est compris.

Tout voyageur qui veut obtenir son passe-port doit
préalablement annoncer son départ, au moins trois fois,
dans la gazette du pays. Cet usage, établi en Russie,
est commun à plusieurs contrées, et particulièrement
aux colonies.

Quant à la facilité de se faire précéder par un courrier pour avoir des chevaux, elle n'a plus lieu.

Les tentatives employées pour multiplier les moyens
de correspondre par le télégraphe, se sont bornées à
quelques essais infructueux. Il n'en est pas ainsi des
établissemens destinés à faciliter les transports de toute
espèce entre Moscou et Saint-Pétersbourg. Outre la
poste ordinaire, on vient d'en organiser une accélérée
entre ces deux villes. Un pont suspendu à des chaînes
de fer a été construit sur le canal de la Moïka (2). La Russie
participe, comme le reste de l'Europe, à l'avantage

_____

(1) 36 milles d'Allemagne.
(2) Il sera construit sur les dessins du général Dufour, de Genève.

que procure la navigation par les bateaux à vapeur. Il y en a même en pleine activité jusqu'en Sibérie.

Chez les Ostyacks, nombreuse peuplade répandue sur les bords de l'Oby, les chiens sont établis par relais comme les chevaux dans les postes.

Les chevaux sont peu communs au Kamtchatka. Ils ne servent que l'été, pour le transport des marchandises et effets de la couronne, ainsi que pour la commodité des voyageurs. Les chiens, en revanche, y abondent, et suffisent à tous ces travaux. L'été est le tems de leur inaction. Ces chiens sont attelés deux à deux à un traîneau; un seul est à la tête et sert de guide. Leur nombre est proportionné à la charge du traîneau; il est ordinairement de cinq pour une personne, et se trouve porté quelquefois jusqu'à 45 par suite du luxe de certains voyageurs. Ces traîneaux prennent divers noms, selon qu'ils servent aux voyageurs ou aux marchandises. Ils ont la forme d'une corbeille de trois pieds de long sur un pied de large. On étend une peau d'ours sur le siége. La légèreté de ces voitures est telle, qu'elles pèsent à peine six livres.

On emploie aussi les rennes qu'on attèle deux à deux. Ces animaux sont dressés à courir nuit et jour pendant trois heures consécutives, puis on les détèle, pendant une heure, pour les faire reposer et les laisser paître. Au bout de ce tems elles repartent avec la même ardeur, et achèvent ainsi leur route avec une extrême diligence.

Près de la Léna, les postes se comptent par stations. Celles-ci sont de 30, 40, 50 et même de 80 werstes. Les frais de poste n'en sont pas pour cela plus considérables; un homme se paie comme un cheval. Qu'on juge de la peine des malheureux condamnés à faire le service de la poste, c'est-à-dire, à traîner les bateaux d'une station à l'autre, dans l'espace de 1200 werstes. Cette terrible corvée fait la punition des exilés et des malfaiteurs; ils partagent ce travail avec des chevaux. Le seul soulagement que cet affreux métier vaille à ces forçats, se réduit à quelques mesures de farine que le gouvernement leur accorde.

Les Russes qui voyageaient par ordre de la cour, sur les frontières de la Sibérie, où les maîtres de poste le

plus souvent ne savent pas lire, étaient munis, autrefois, d'un passe-port tout particulier. Il consistait en
cordes passées au travers d'un sceau, auxquelles on
faisait des nœuds, de sorte que les maîtres de poste,
pour connaître le nombre de chevaux qu'ils devaient
fournir, n'avaient qu'à compter les cordes et les nœuds.

La poste ne sert en Pologne que pour les lettres et
paquets. Elle fut établie par ordre de la république,
sous le règne de Ladislas IV. Avant ce tems, les ordres du roi étaient portés par les gentilshommes de
la cour, qui se faisaient donner des voitures par les
Starostes.

Il faut porter tout avec soi, quand on voyage dans
ce pays, soit en chaises ou en chariots. C'est dans ces
derniers que les grands seigneurs font placer leurs effets.
La construction de routes ferrées y est achevée sur un
espace de plus de 66 milles d'Allemagne. Celle des
routes de Varsovie aux frontières de la Prusse le sera
incessamment, et offrira sur cette ligne, qui traverse
toute la largeur du royaume depuis Kalish jusqu'à Brzesc,
60 milles d'une communication non interrompue, ce
qui rendra les relations plus faciles et moins coûteuses,
puisque les relais de poste et de roulage emploient déjà
moitié moins de chevaux qu'auparavant. Il y a eu des
constructions semblables dans les palatinats de Craco-
vie, de Lublin, de Ploelk et d'Augustow; on remarque
encore celle de 523 ponts, parmi lesquels celui de Z'lo-
torya, réunissant sur la Narew les limites de l'empire et
du royaume, a été fait aux frais communs des deux
gouvernemens.

Les lettres pour la Russie et les provinces qui en dépendent, expédiées de France, peuvent être affranchies,
mais non pas jusqu'à destination, tandis que celles de
l'intérieur de l'empire ne peuvent y circuler sans être
soumises à l'affranchissement.

TURQUIE D'EUROPE ET AUTRES PROVINCES MÉRIDIONALES.

Dans la Turquie d'Europe, en Valachie et en Moldavie, les voitures le plus en usage parmi les personnes
riches, sont les calèches allemandes, qu'on fait venir à
grands frais de Vienne.

La manière de voyager dans ces contrées est tellement expéditive, que celle d'aucune autre nation ne peut lui être comparée. L'organisation des postes y est assez bonne : ceci ne doit s'entendre que des chevaux, car, pour le reste, il n'y a rien de pire. Au lieu de chaises on ne trouve que des chariots incommodes auxquels on attèle avec des cordes quatre chevaux guidés par un postillon, lesquels partent au grand galop, et ne s'arrêtent ni ne ralentissent le pas qu'à la poste suivante ; quelque tems avant d'y arriver, le postillon s'annonce par les claquemens de son fouet, et aussitôt un nouveau chariot, conduit par d'autres chevaux, se trouve prêt et ne cause aucun retard aux voyageurs.

Les préposés pour l'entretien des routes se nomment *sermiens* : celle de Vienne à Constantinople est bien ferrée.

Les maîtres de poste fournissent les chevaux et les hommes assujettis à cette corvée qui leur tient lieu d'impôt. On trouve souvent un pandour à la tête des relais. Lorsque le maître de poste ne peut fournir les chevaux nécessaires à la course, les habitans sont tenus d'y suppléer à leurs frais, car on a, dans la Moldavie, la barbare coutume de s'emparer, pour le service public, de tout ce qui se rencontre, bœufs, chariots, chevaux, etc., sans rien payer. On les enlève aux paysans dans les villages, aux voyageurs sur les grands chemins, aux étrangers même qui se trouvent sur la route, et on ne les leur rend que lorsqu'on n'en a plus besoin, en supposant que les voitures ne soient pas brisées et les chevaux crevés de fatigue.

Sous la dénomination commune de tartares, sans distinction d'origine, on comprend les courriers de ces contrées, où le service de la poste aux lettres se fait assez régulièrement. Celui de la poste aux chevaux cesse à Andrinople. On ne peut continuer sa route jusqu'à Constantinople, qu'au moyen de marchés particuliers avec les propriétaires de chevaux ; ce qui devient arbitraire et coûteux. Les courriers sont ordinairement accompagnés de janissaires. Les postes ne se comptent plus aussi par milles, mais par la distance de chemin qu'un chameau peut parcourir en une heure.

A Constantinople, on loue un bateau comme ailleurs

on louerait une voiture. Ces embarcations élégantes,
ornées de sculpture et de dorures, sont conduites avec
une adresse remarquable par les matelots turcs.

L'affranchissement est de rigueur pour tous ces lieux.

PAYS-BAS.

L'organisation des postes y a varié souvent depuis
l'époque où ces provinces ont cessé d'être régies par les
princes de la maison de Taxis. En 1807, la Hollande
était divisée en cinq arrondissemens. Les cinq directeurs
particuliers qu'on y avait placés, dépendaient d'un directeur-général des postes, auquel étaient adjoints trois
conseillers et un secrétaire-général. Le tarif de France,
qu'on avait adopté pour la taxe des lettres, y est encore en usage.

Les bâtimens destinés au transport des dépêches,
des marchandises et des voyageurs, se nomment *trecks-*
chuyten de Beurtschipen: ils font quatre milles à l'heure.
Les Hollandais calculent la route de leurs embarcations,
non par le nombre de milles parcourus, mais par celui
d'heures écoulées. Des chevaux les tirent le long des
canaux, et sont conduits par des jeunes gens appelés
chasseurs (*hitjagertje*), qui portent, au lieu d'un cornet
de poste, une corne de bœuf pendue à l'épaule, dont
ils se servent, soit pour donner le signal du départ,
soit pour faire lever les ponts qui se trouvent sur les
canaux, soit, enfin, pour avertir les bateaux qui pourraient se trouver sur leur passage de se tenir sur le
côté opposé du canal. Ce moyen rend les communications de l'intérieur très-faciles. Le gouvernement, aux
frais duquel ces bâtimens sont entretenus, exige qu'ils
marchent avec une ponctualité extraordinaire.

S'il en coûte peu pour voyager de cette manière, il
n'en est pas ainsi des chaises de poste (1).

Cette sorte de voiture a la forme d'une calèche couverte et très-courte, ayant, au lieu de timon, une
pièce de bois semblable à une corne ou à un arc, placée
entre les roues de devant, et sur laquelle le conducteur s'appuie les pieds pour donner à la voiture, par cette

_____

(1) On paie ordinairement 36 florins pour sept chevaux, depuis

pression, la direction nécessaire dans les chemins plats.
Les chevaux ne sont attelés qu'avec des cordes, et l'on
en met souvent trois de front. Si l'on descend un pont
dont la pente est rapide, le voiturier place les pieds
sur la croupe de l'un des chevaux, et retient ainsi la
voiture tout le tems convenable.

Les voitures, dont on fait usage à Amsterdam, sont,
ou des carrosses de louage à 4 roues, ou des cabriolets
à deux roues et à deux chevaux, ou, enfin, des *schleen*,
c'est-à-dire des caisses de voitures posées sur un traîneau
et tirées par un cheval.

Le service des postes, qui se fait en grande partie par
eau (1), ne peut que devenir plus régulier par l'établissement des bateaux à vapeur (2).

Si les canaux facilitent si utilement les moyens de
correspondre, les routes de la Hollande n'y contribuent
pas moins. Elles sont superbes, plantées de plusieurs
rangées d'ormeaux et couvertes de voitures de toute espèce. Le produit des taxes prélevées aux barrières, qui
y sont établies, sert à les entretenir. La surface
plane de la Hollande contribue beaucoup à leur solidité
et à leur propreté. Il n'en est pas ainsi des chemins vi-
cinaux, à peine praticables dans la plus belle saison.

Breda jusqu'à Gorcum, et trois florins et demi par cheval, de
Gorcum à Utreck.

(1) Beaucoup de maisons de campagne ont une petite boite en
bois, placée près des canaux, où l'on jette en passant les lettres et
paquets adressés à ceux qui y résident.

(2) C'est en 1824 que la société des bateaux à vapeur a été installée à
Rotterdam. Peu de tems après, le bateau destiné à la correspondance, entre Amsterdam et Utreck, a commencé son service. La
distance de l'une de ces villes à l'autre est de huit lieues, et le trajet
se fait, dit-on, en trois heures et demie. Plusieurs bateaux ont été
employés successivement depuis aux communications intérieures, et
à naviguer entre la Hollande et Hambourg. Celui établi sur le Rhin,
s'appelle le Colonais. Il est en fer ; sa force est égale à celle de cent
chevaux, sa capacité a celle de 60 à 80 lastes, et sa profondeur dans
l'eau est de trois pieds et demi. Il met 4 ou 5 jours pour se rendre
à Cologne. Le Zeew, autre bateau à vapeur, est destiné pour les relations entre Anvers et Cologne.

Peu de tems après, cette même société tint une assemblée générale
d'actionnaires, et nomma l'administration qui doit régir cette nouvelle association. Elle a déjà donné beaucoup d'extension à son entreprise, et augmenté son capital d'un million de florins.

On raconte, comme un trait de la simplicité des
mœurs des habitans de la Haye, que, lorsque Louise de
Coligny vint épouser le prince Guillaume, les magistrats
de la ville lui envoyèrent un chariot de poste ouvert,
dans lequel elle fit son entrée, croyant sans doute remplacer, par l'accent du cœur, les vaines solennités d'une
froide étiquette.

On emploie fréquemment les chiens à traîner des
charrettes chargées de provisions et de marchandises.
Les chèvres, attelées à de petites voitures, transportent
aussi de très-lourds fardeaux. On est étonné du poids
que ces animaux font mouvoir, et de la docilité qu'ils
montrent dans un exercice qui semble si peu appro-
prié à leur force et à leur conformation.

L'affranchissement pour ce royaume est volontaire.

DE LA SUÈDE, DE LA NORWÈGE, DU DANNE-MARCK ET DE QUELQUES AUTRES PARTIES DU NORD.

Dans le Holstein on a un soin extrême des chevaux.
Les voituriers et les cochers sont toujours pourvus de
deux couvertures dont ils s'enveloppent eux-mêmes
pendant la route, et dont ils couvrent leurs chevaux
lorsqu'on s'arrête, quoique ce soit la partie de l'Allemagne où on les charge le moins.

Le péage du Sund est une des branches du revenu du
Dannemarck. Il y a des fanaux établis pour les endroits
dangereux ; d'autres feux brillent en divers lieux de la
côte pour guider les voyageurs dans les nuits obscures et
orageuses.

Le passage du Belt est d'un demi-mille ; on le fait en
très-peu de tems. Il y a dans le grand Belt deux postes
télégraphiques, et il est permis aux voyageurs de s'en
servir, pour accélérer leur marche, en faisant préparer
les relais d'avance. Dans ce cas, ils paient 24 schellings
lubs pour chacun des deux inspecteurs. C'est à ce seul
usage que s'est réduit l'emploi de ce genre de télégraphe,
qui n'a pu être étendu à cause de son imperfection.

En Dannemarck, comme en Prusse, les routes sont
assez mauvaises ; il n'y a d'autre différence que celle du
droit de barrière qui n'y est pas introduit. Mais les

16

paysans ont à leur charge la réparation des chemins, des ponts, et doivent fournir des chevaux et des voitures au roi, à ses ministres ou à ses grands officiers lorsqu'ils voyagent.

Il est accordé, par le réglement, une heure au maître de poste pour apprêter ses chevaux : on n'attend jamais au-delà. Les postillons sont très-actifs. Ils ont une feuille qu'ils doivent présenter aux maîtres de poste, lorsque ceux-ci l'exigent, où l'heure du départ est indiquée ainsi que les plaintes qu'on a pu porter contr'eux.

Le prix des chevaux (1) varie quelquefois. Il est communément de 16 schellings par mille et par cheval.

Le revenu des postes qui, depuis le roi Frédéric VI, entre dans la caisse du roi, monte à 200,000 rixdalers et même au-delà.

La poste, en Norwège, est une institution qui ne remonte pas plus haut que 1783. Les bureaux de poste étaient communément chez les pasteurs, qui ouvraient les paquets et prenaient les lettres appartenant à leurs districts : ils en tenaient note sur des registres destinés à cet usage.

Les cabriolets, dans cette partie, sont dans le genre italien et très-jolis : les femmes les conduisent elles-mêmes avec beaucoup de grâce et de facilité sur les routes généralement très-belles.

En Suède, tout paysan est postillon ; il n'est pas même un enfant qui ne soit en état de mener une voiture. La nécessité lui en fait une loi, puisqu'il n'existe pas de relais, et que, obligé de fournir les chevaux pour le transport des dépêches et des voyageurs, il est contraint, par la même raison, de les conduire.

Quand un voyageur arrive à une station de poste, on prévient le paysan dont le tour est venu de marcher. Celui-ci le conduit à un mille ou deux milles (3 ou 6 lieues), d'après la distance où il se trouve lui-même de son habitation. Un autre le remplace ; c'est ainsi qu'il parvient à sa destination. Pour éviter les retards qu'entraînerait

_____

(1) Ceux de Seeland sont très-renommés. Dans l'île de Fionie, en été, on ne paie que 10 schellings par cheval; mais, en hiver, on donne quelques schellings de plus. Il y a en outre les droits de barrières de 2 schellings par mille.

naturellement cette manière de voyager, il est d'usage
de se faire précéder 5 ou 6 heures d'avance par un
messager. En prenant cette précaution, on peut parcourir
de grandes distances sur les routes de la Suède, compa-
rables à celles de l'Angleterre par leur solidité et leur
agrément.

Il est peu de pays où l'on voyage à meilleur marché
qu'en Suède. Mais, pour prévenir les inconvéniens causés
par les cordes qui servent à attacher les chevaux, et
qui ont besoin d'être renouvelées souvent, il faut se pré-
cautionner de harnois. On n'a pas d'ailleurs le choix
des moyens de transport, puisque le royaume est encore
privé de la ressource des voitures publiques.

Le gouvernement est instruit très-exactement de tout
ce qui concerne les voyageurs, qui sont tenus d'inscrire
sur le dagbok, qu'on leur présente à chaque station,
leurs noms, leurs professions, le lieu d'où ils viennent,
celui où ils se rendent, le nombre de chevaux qu'ils
prennent, et les plaintes qu'ils ont à faire du postillon.
Ce livre est remis tous les mois aux gouverneurs de
chaque province.

Tous les passages des rivières sont servis, en été,
par des bateaux courriers; en hiver, par des traîneaux
et des chevaux. Il y a des espèces de télégraphes établis pour ces divers services.

Le service de la poste se fait aussi en Suède par deux
bateaux à vapeur, l'un établi entre Christiana et Chris-
tiansand, et l'autre entre Frederiesvaern et l'île de
Suland.

En 1796, on augmenta le prix des chevaux. Ils coû-
taient 4 schellings : ce prix fut doublé. Du reste, il
varie suivant les lieux (1). Les chevaux suédois, quoique
petits et maigres, courent avec vîtesse et font un mille
à l'heure.

On compte déjà plusieurs bateaux à vapeur (2) dans

_____

(1) On paie 16 schellings à Stockholm, et 12 sch. dans quelques
autres villes.

(2) M. Owen vient d'inviter le public à un voyage de plaisir dans
son bateau qui doit se rendre à Saint-Pétersbourg. Il abordera à Peu-
lenhost et y restera 6 jours pour jouir des fêtes qui s'y célèbrent tous
les ans pour l'impératrice mère. Ce voyage durera trois semaines.

ce royaume, où de grands travaux (1), entrepris dernièrement, ont contribué à multiplier les relations intérieures.

Les chemins établis à travers les Fjalls (montagnes qui séparent la Suède de la Norwège), les routes, l'une par le Jutland, l'autre par la province de Daulwand, et la troisième par celle de Wermland, qui facilitent de nouvelles communications, ont été achevées en 1823; et un grand pont de bateaux a été jeté sur un bras de mer nommé le Semsund, situé sur les frontières de la Norwège et de la Suède.

On évalue à peu près à 418,000 francs le revenu que les postes rendent au roi.

Ce service recevra une grande amélioration, si le projet proposé par M. Kemner, négociant à Stockholm, et adopté par le gouvernement, d'établir une petite-poste à l'exemple des principales capitales de l'Europe, se réalise.

L'affranchissement pour ces états est libre.

ANGLETERRE.

Les postes en Angleterre, en Irlande et en Ecosse, dépendent du roi. Un acte du parlement, par une exception unique, en avait attribué les produits au duc d'York, qui, depuis, occupa le trône sous le nom de Jacques II.

Au commencement du siècle dernier elles étaient régies par un administrateur sous le titre de député. Il résidait à Londres, et avait sous lui près de quatre-vingts officiers, dont les fonctions étaient, ou de participer au travail des lettres, ou d'en avoir la surveillance. Il n'existait alors que cent vingt-deux bureaux de poste. Le bureau principal de l'Irlande était à Dublin. A la fin du même siècle, la même administration entretenait 170 malles-postes, 4500 chevaux, et comptait 3000 employés chargés de la distribution des lettres

---

Chaque passager paiera cent écus de banque de Suède ; il pourra demeurer tout le tems du voyage dans le bateau.

(1) Le total des journées pour ces divers ouvrages d'utilité publique, dont les six septièmes ont été faits par l'armée, s'est élevé à 7,758,899 journées.

dans l'intérieur, outre celles qui étaient transportées par de nombreux paquebots expédiés pour les principaux points du continent.

Comme le service extérieur ne pouvait avoir lieu que par mer, ce député, ou grand-maître des postes, entretenait six bâtimens appelés paquebots, pour les relations établies, deux fois la semaine, avec la France, la Hollande et l'Irlande.

Les améliorations survenues dans l'état des postes de ce royaume, s'expliquent par l'activité du peuple le plus industrieux et le plus commerçant de l'Europe, et surtout par le bon état des routes dont cette île est parfaitement coupée en tous sens, quoique aucune ne soit pavée (1).

Il paraîtrait, d'après l'ouvrage de M. J.-L.-M. Adam (2), qu'il se serait introduit quelques abus dans cette partie. *Une des causes du mauvais état des routes*, dit-il, *vient du défaut de surveillance d'où résulte le mauvais emploi et le gaspillage des fonds destinés à les entretenir, la nécessité d'augmenter la taxe des péages, ce qui n'empêche pas que les commis aux barrières (turn-pikes) ne soient chargés de l'énorme dette de sept millions de livres sterlings (3), quoique le compte rendu annuellement au parlement présente, pour les péages, une somme de recette qui excède le revenu de l'administration des postes.*

Dès 1811, le même auteur avait présenté des considérations sur l'état de quelques routes abandonnées par les malles-postes. *L'ancienne méthode*, dit-il encore, *fut reconnue vicieuse par les savans, les ingénieurs, les hommes les plus intéressés aux succès de leurs recherches, tels que les entrepreneurs de roulage, de malles-postes, consultés sur cette matière délicate et importante.*

Ces vérités, clairement démontrées, ont fixé l'attention du gouvernement anglais, toujours prêt à seconder effi-

---

(1) Les rues des grandes villes sont seules pavées ; mais les routes sont bien ferrées et particulièrement bien entretenues.

(2) Publié en France, en 1824, sous le titre de Remarques sur le Système des Chemins.

(3) 170 millions environ.

cacement les mesures qui offrent quelque utilité (1). Le
systéme de M. Adam (déjà connu en France et appliqué
à quelques routes du Languedoc et du Simplon) a été
adopté, et les routes (2), devenues plus solides, conservent
une surface toujours unie, sur laquelle les diligences
roulent sans obstacles et font quatre lieues à l'heure,
même dans les montagnes de l'Ecosse et du pays de
Galles.

C'est sous le règne de la reine Elisabeth que l'usage
des voitures a commencé en Angleterre, et que celui des
courses de chevaux y a été introduit. Ce goût s'y est tellement répandu depuis, qu'en 1767 le nombre des chevaux, qui était de 500 mille (Londres seulement y
entrait pour un cinquième), peut être évalué au triple
aujourd'hui (3).

En Irlande, dit Arthur Young, on porte le nombre
des chevaux jusqu'à la folie.

Il n'est pas de contrée où les voitures publiques soient
plus commodes, plus propres et plus multipliées qu'en
Angleterre. Elles ne sont destinées que pour les voyageurs ; les marchandises et les effets étant transportés
à part. On sait qu'en France on suit un autre usage.
Aussi, nos diligences, dont le poids est énorme, quoique
plus perfectionnées dans ces derniers tems, sont expo-
sées à verser plus facilement, en raison de la surcharge
qui détruit l'équilibre qu'on tenterait vainement de maintenir dès que le plus léger obstacle se rencontre.

A toute heure du jour il part de Londres, dans toutes
les directions, pour les extrémités du royaume, deux
cents voitures publiques, sans compter celles qui ne dé-

---

(1) M. de Chambert vient d'obtenir un brevet d'invention pour
une nouvelle méthode propre à donner au pavé des rues et des grandes
routes une solidité, une propreté à laquelle on n'avait pu atteindre.

(2) Depuis le bill provoqué par M. Frenuk, celles de l'Irlande
sont dans un état très-florissant. On croit qu'il a été dépensé en constructions et en réparations, en conséquence de ce bill, la somme
énorme de plus d'un million sterling. La taxe des routes n'y est que
la moitié de celle d'Angleterre.

(3) On compte 148,788 personnes entretenant un cheval de luxe ;
23,493 en entretenant deux ; 15,000 de 3 à 8 et 1168 qui en entretiennent plus de deux.

passent pas la distance de quinze ou vingt milles. Un
même nombre y arrive dans le même espace de tems.
On a été jusqu'à calculer que 1100 voitures de toute
espèce passaient journellement par le bourg de *South-
wark*, qu'on peut regarder comme un des faubourgs de
Londres. La Tamise est couverte de bateaux de louage
qui servent à communiquer plus facilement sur tous les
points de cette capitale. On en fait monter le nombre à
plus de mille. Celui des fiacres est aussi considérable (1),
et l'on compte plus de quatre cents chaises à porteurs.

Les Anglais, toujours habiles à profiter des inventions
des Français et à se les approprier même, parce qu'ils les
ont perfectionnées, prétendent qu'on leur doit l'usage
des fiacres et des chaises à porteurs ; et que ces dernières
ont été apportées en France par un nommé Montbrun,
bâtard du duc de Bellegarde.

Le transport des dépêches se fait par des voitures publiques ou malles-postes qu'on peut regarder comme la
première entreprise en ce genre. Elles sont formées
d'une caisse commode à quatre places. Une caisse suspendue, qui fait le prolongement de la première, sert
de siège au cocher et contient sur le devant une partie
des lettres et paquets destinés pour les points intermédiaires de la route ; le reste est déposé dans une troisième caisse, prolongée sur le derrière et sur laquelle est
assis un gardien armé. Le courrier et le gardien peuvent
placer, chacun, deux personnes à leur côté. Huit personnes montent sur l'impériale, ce qui, donnant un
total de dix-huit voyageurs, ne nuit en rien à la vîtesse
de cette voiture qui fait trois lieues par heure. Elle est
attelée de quatre chevaux très-beaux et très-vigoureux.
Le service a lieu avec tant de régularité, qu'on peut
calculer, presque à la minute, l'arrivée de la malle-
poste (2). A la disposition de l'impériale près, nos malles-
postes ont beaucoup de rapport avec ces voitures.

_____

(1) En 1765, le nombre des voitures à 4 roues était de 12,904. En
ce moment, il est de 26,799, indépendamment de celles à deux roues,
qui sont de 45,856. A la première de ces époques les carrossiers de
Londres étaient au nombre de 36 et employaient 4000 ouvriers ;
aujourd'hui, 135 emploient 14,000 ouvriers. On compte 1000 fiacres
à Londres.

(2) La malle-poste de Londres à Edimbourg fait ce trajet en 36

L'organisation actuelle du service est due à M. Palmer. Avant lui, le transport des dépêches et des fonds, qui avait lieu, par le moyen de carrioles en osier, n'offrait ni la sécurité ni la régularité et ni l'activité qu'on y trouve généralement aujourd'hui.

Les changemens qu'il proposa en 1782, et qui furent adoptés par le célèbre Pitt, remédièrent à tous les inconvéniens (1) et n'ont point subi de modifications notables depuis. Il en résulta autant d'avantages pour le gouvernement anglais que pour M Palmer, qui obtint en outre la place importante de secrétaire-général de l'administration à laquelle il avait donné une si heureuse impulsion.

Lord Chichester est directeur-général des postes anglaises, et sir Francis Ycelin secrétaire-général. L'hôtel où cette administration est établie à Londres, est un bâtiment remarquable. La petite-poste, ou peny post, fait parvenir avec célérité, dans l'étendue de la banlieue, tout paquet n'excédant pas le poids d'une livre, et jusqu'à la valeur de dix livres sterlings en argent, pour lesquels l'envoyeur payait un pence (2). C'est de là que venait le nom de peny post, ou poste d'un sou. Le bureau général répond de la perte des paquets. Ce ser-

---

heures, c'est-à-dire, plus de 10 milles à l'heure. En 1712, il fallait 13 jours pour faire ce voyage.

(1) *Il est bon d'observer, pour ne pas accuser les correspondans de négligence, qu'à cette époque la poste était beaucoup plus tardive qu'elle ne l'est depuis l'ingénieuse invention de M. Palmer. Quant à l'honnête Dinmont, comme il recevait à peine une lettre tous les trois mois, à moins qu'il n'eût quelques procès (car alors il envoyait régulièrement une fois par semaine à la poste), les paquets à son adresse demeuraient un mois ou deux sur la fenêtre du directeur de la poste, au milieu des pamphlets, des chansons, et des morceaux de pain d'épice, suivant l'état qu'il exerçait. D'ailleurs, on avait alors l'usage, et il n'est pas encore entièrement perdu, de faire voyager les lettres d'un bureau à l'autre, quelquefois à la distance de 30 ou 40 milles, avant de les délivrer, ce qui avait l'avantage de mettre les lettres sous les yeux des curieux, d'augmenter la recette des directeurs et de mettre la patience des correspondans à l'épreuve. Il n'est donc pas surprenant que Brown attendît, et inutilement pendant plusieurs jours, une réponse; et, malgré son économie, sa bourse était vide, lorsque le jeune pêcheur lui rendit la lettre qui suit.*

(Guy Mannering. Walter-Scott.)

(2) Aujourd'hui deux pences.

vice se fait huit fois par jour par six bureaux principaux, et plus de quatre cents petits qui leur sont
subordonnés.

La nation est redevable de cette invention à un négociant nommé *Docwra*, qui, en 1680, l'exécuta à ses
frais. Mais, lorsqu'il espérait retirer le fruit de son industrie, le duc d'York, à qui Charles II, comme nous
l'avons observé, avait attribué le produit des postes,
lui fit un procès pour avoir usurpé ses droits, et lui
ôta le peny post. C'est aujourd'hui un revenu de l'état
qui peut être porté à 40 mille livres sterlings environ.

Une lettre est simple lorsqu'elle est composée d'une
feuille de papier, quel qu'en soit le poids ou la dimension ; mais le port en est doublé par la plus légère ad-
dition (1). On ne suit plus, comme en France, de progression calculée, en raison du poids et de la distance,
avec un grand esprit de justice.

Un paquebot, venu dernièrement des mers du Levant
en Angleterre, apporta quelques numéros de la gazette
grecque de Missolunghi. Le paquet ayant été taxé aux
bureaux des postes comme lettre, le port de ces ga-
zettes (2) s'est élevé à soixante-dix-sept livres sterlings (3).
On juge, d'après cela, le revenu que le gouvernement anglais retire des postes. Il est d'autant plus considérable,
que les dépenses qu'elles occasionnent sont couvertes
par les recettes des voyageurs. Ce produit a reçu des
améliorations importantes dans l'intervalle d'un siècle.
En 1644 (4), elles rapportèrent 3,000 livres sterlings ;

---

(1) Une lettre sous enveloppe, au lieu d'un schelling, en paie deux,
ne contient-elle qu'un quart de feuille. C'est sans doute le taux élevé
du port des lettres qui a valu à la pairie la prérogative remarquable
d'exempter de la taxe toute lettre revêtue sur sa suscription de la signature d'un pair anglais.

(2) Un compte rendu à la chambre des communes de 1815, apprend qu'il se distribue chaque jour à Londres 20,000 exemplaires de
journaux du matin ; 15 à 20 mille de ceux du soir ; 22 mille autres de
deux jours l'un ; et 70,000 le dimanche.

(3) 1912 francs 50 centimes environ.

(4) 1644,   3,000 livres sterlings.
    1654,   10,000
    1664,   21,500
    1674,   43,000
    1685,   65,000

et, en 1764, le parlement les afferma 432,048 livres
sterlings. Depuis ce tems, elles ont monté successivement à 700,000 livres sterlings. On prétend qu'elles
s'élèveront à 1,500,000 livres sterlings en 1825.

La poste aux chevaux n'est pas établie, comme en
France, à des distances marquées, et les relais ne sont
pas tenus par des maîtres de poste spécialement chargés
de ce service. Tout aubergiste qui a une grande maison
est maître de poste, moyennant un droit de licence an-
nuel calculé sur le nombre de chevaux et de voitures
qui lui appartiennent. Il loge et transporte à la fois les
voyageurs. Les postillons sont ordinairement des jeunes
gens de 16 à 18 ans ; leur costume est élégant, et leur
équipage est leste et d'une propreté remarquable. Ils
sont, dit-on, généralement polis : cette qualité les distingue encore de leurs semblables chez lesquels on la rencontre rarement ailleurs.

Des bornes milliaires sont établies sur les routes pour
en marquer exactement la division. Les frais de poste
se paient selon la quantité de milles parcourus (1), dont
trois font à peu près une lieue de France.

Quelles ressources l'Angleterre n'a-t-elle pas retirées
des machines à vapeur perfectionnées par James Watt,
qui en fit la première expérience en 1790. Elles repré-
sentent aujourd'hui une puissance de 320,000 chevaux,
égale à celle de 1,834,000 hommes, d'où il suit que, si

1688,   76,318
1697,   90,505
1710, 111,461
1715, 145,227
1744, 295 432
1764, 432,048

(1) En 1755 on payait 9 sous d'Angleterre, par chaque mille, pour
une chaise de poste et deux chevaux ; et l'on donnait 6 sous d'Angleterre au palefrenier qui attelait les chevaux à la chaise, et un
schelling au postillon. Ces voitures sont légères, à 2 places, et suspendues sur ressorts avec des portières à glaces. Aujourd'hui, le prix
le plus modique, pour cette manière de voyager, est d'un schelling
par mille, par couple de chevaux, et même de 15 à 18 pences. Qu'on
ait une voiture, ou qu'on en prenne une à la poste, cela n'influe en
rien sur le prix. On paie communément, d'une poste à l'autre, plus
de milles anglais que n'en porte le livre de poste. Cette différence
provient de la colonne milliaire qui n'est pas toujours placée au relais.

l'on n'employait pas en Angleterre ce moteur, et que l'on
voulut produire une quantité d'objets manufacturés égale
à celle qu'on obtient, il faudrait non-seulement augmenter la population de 2 millions d'hommes environ,
mais il faudrait encore dépenser en fabrication, outre
les dépenses actuelles, une somme effrayante de plus de
6 milliards. Ce procédé a été appliqué à la navigation,
et les bâtimens qui transportent les dépêches sont des
bateaux à vapeur. Le trajet de Douvres à Calais (1) se
fait ordinairement en trois heures. Les paquebots à vapeur sont de jolis bâtimens, du port de 60 à 80 tonneaux, qui abordent en France, à Calais, à Boulogne
et à Dieppe ; en Allemagne, à Emdin et Iuxhaven ; et,
en Hollande, à Ostende (2) et à Hellevoetsluys.

M. Harisson Wilkinson est auteur d'un projet qui,
s'il réussit, promet des avantages incalculables pour la
grande navigation, en employant la machine à vapeur
perfectionnée par Perkins, qui n'exige qu'une très-petite
quantité de charbon. Il pense qu'on pourrait communiquer facilement avec les Indes Orientales par le Cap-
Bonne-Espérance, où l'on établirait un dépôt de com-
bustibles. Mais son principal but est d'y arriver en
trente et un jour par la Méditerranée, et de donner à ses
paquebots la régularité du courrier. Voici le chemin
qu'il trace et les calculs qu'il forme sur la durée du
trajet :

De Falmouth à Gilbraltar,	1200 milles,	5 jours.
De Gilbraltar à Rosette,	2170 *id.*,	9 *id.*
De Rosette à Bulac ou au Caire,	110 *id.*,	1 *id.*
Du Caire à Suez par terre,	70 *id.*,	2 *id.*
De Suez à Bombay par la mer rouge,	3300 *id.*,	14 *id.*
	6850 *id.*,	31 *id.*

Cette idée a pris de nouveaux développemens, et l'on
pense sérieusement à la réaliser (3) pour établir, par un

_____

(1) 25,633 pas géométriques.
(2) Ce trajet se fait en 16 heures. Celui de Londres à Cuxhaven a
été fait, par le bateau à vapeur le Hylton Joliffe, en 82 heures. La
distance est de 160 lieues.
(3) Une compagnie s'est formée à Londres dans cette vue, et fait
déjà un fonds de 300 mille livres sterling dans lequel les négo-

moyen si commode et si rapide, une communication
entre l'Angleterre et ses colonies de l'Inde.

Presqu'en même tems une autre compagnie, à Londres, s'occupait de correspondre ainsi avec les Etats-
Unis. On présume que le trajet pourrait avoir lieu en
moins de quinze jours. Enfin, le service des paquebots, entre Buenos-Ayres et l'Angleterre, est en activité. Il a été autorisé par un décret rendu sur la proposition du consul-général de sa majesté britannique.

La voiture mécanique dont nous avons parlé dans le
cours de cet essai, comme étant mise en mouvement
sans le secours des chevaux, cessera d'être une merveille à nos yeux lorsqu'on y aura adopté le feu comme
moteur. Ce n'est encore, comme nous l'avons vu, que
l'imitation d'un procédé tenté en France en 1763. La
machine à vapeur appliquée, par M. Gough, aux voitures, produira l'effet de ces vaisseaux qui parcourent
les mers comme par enchantement. Cette voiture fera,
par ce moyen, deux lieues à l'heure (1), et recevra
plus de vitesse quand on se sera assuré de la solidité
du mécanisme. Un enfant suffira pour lui donner toutes
les directions possibles.

Dans ce siècle, si fécond en inventions de tous genres,
on vient encore de proposer, en Angleterre, de remplacer l'usage des routes ordinaires par celui des chemins à ornières en fer, et d'employer la machine à
vapeur au lieu de ces immenses attelages qui servent à
transporter les hommes et les marchandises (2). A peine

cians de Calcutta participent pour 10 mille livres sterlings. Ces derniers sont d'autant plus intéressés à la réussite de cette entreprise,
que leurs essais dans ce genre ont eu d'heureux résultats.

(1) Il se forme à Londres une compagnie pour la distribution du
gaz locomotif, dont l'expérience, faite sur la diligence d'Yorck, a eu
pour but de diminuer le poids des voitures occasionné par le charbon,
et de donner plus d'accélération à ces voitures. M. Brown, l'inventeur, se regarde comme sûr de la faire rouler, tant en montant
qu'en descendant, sur le pied de dix milles par heure, 3 lieues et
demie. Cette méthode présente une économie de moitié sur les
moyens employés actuellement. Il doit donc en résulter une diminution égale sur les places. On prétend même que chaque voyageur
ne paiera qu'un pence [2 sous] par mille.

(2) On peut juger de la supériorité de ces routes sur les autres,
par le tableau des efforts que doivent faire les chevaux, suivant la

une idée nouvelle est-elle mise au jour, qu'elle ne tarde
pas à subir des développemens considérables; et l'on voit
que cette invention, bornée d'abord à de simples voitures va s'étendre à celles destinées à toute espèce de
transports. (1) La distance de Londres, aux principales
villes de l'Angleterre, serait réduite d'un quart et même
d'un tiers, par des chemins en fer dans une ligne directe, et dégagée des nombreuses sinuosités qu'il faut

---

nature de chacune d'elles. On suppose une voiture à 4 roues, chargée
de 8000 livres pesant, sur une route bien entretenue, que 3 chevaux
traineraient lorsqu'il en faudrait 25 sur une route dégradée.
Route en fonte coulée, 1/4 de cheval.
    Id. en pavés de dalles très-unies, 2 chevaux et 1/2.
    Id. en pavés de grès, 3 chevaux.
    Id. en blocaille raboteuse, 6 chevaux.
    Id. En terrain naturel crayeux, 15 chevaux.
    Id. en terrain argileux, 25 chevaux.
    (1) Tous les journaux [oct. 1825] s'accordent à dire que l'ouverture
de la route en fer de Darlington à Stockton [comté de Durham] vient
d'avoir lieu en grande pompe. Une grande quantité de chariots
chargés, les uns de houille, les autres de farine, d'autres enfin
d'ouvriers et de curieux, sont arrivés, traînés par des chevaux, au
bas du plan incliné que forme la première portion de la route. Là,
les chevaux ont été dételés. Au haut du plan incliné, dont la longueur est d'une demi-lieue, on a établi, à poste fixe, deux machines à vapeur, chacune de la force de 30 chevaux, destinées à
faire monter les chariots. 12 chariots, chargés chacun de deux
tonneaux [quatre milliers] de houille, et un treizième portant une
grande quantité de sacs de farine, et tous les 13, en outre, couverts
d'autant d'hommes qu'on avait pu en placer, atteignirent le sommet
de la route en 8 minutes. Arrivés là, ils furent attachés, à la queue
les uns des autres, à la machine à vapeur locomotive, qui devait les
tirer dans la descente. D'autres chariots, montés de la même manière, furent attachés à la suite de ceux-ci; et, dans le milieu de la
file, on plaça la voiture du comité de l'entreprise, nommée l'*Expérience*, destinée par la suite à transporter des voyageurs ; elle est de
l'espèce de celle qu'on appelle longcoach, où les voyageurs sont
assis face à face sur les deux côtés. Elle en peut contenir 18. Le
nombre total des voitures que devait tirer la machine à vapeur locomotive, était de 34, sur l'une desquelles était un corps de musiciens.
Toutes étaient couvertes d'hommes et décorées de drapeaux portant
diverses devises, et principalement celle de la compagnie : *periculum
privatum utilitas publica*. A un signal donné, cette file de voitures se
mit en mouvement aux acclamations de la multitude assemblée pour
être témoin de ce spectacle aussi nouveau qu'étonnant, et parcourut
d'abord la route jusqu'à Darlington, où l'on remit de la houille dans
les fourneaux et de l'eau dans les bouilloires, et ensuite jusqu'à

suivre. La poste de la capitale à Manchester, Liverpool et Leeds, arriverait en 12 heures, et il ne lui faudrait pas 24 heures pour atteindre Glascow et Edimbourg. Combien n'abrégerait-on pas encore ces voyages par les ponts suspendus à des chaînes en fer, tel que celui de la vallée de Tewd.

Puisse cette nouvelle conquête de l'esprit humain dans l'emploi d'un moteur devenu si puissant par l'action du feu contenue dans de justes bornes, ne pas s'étendre indéfiniment à toutes les branches de l'industrie, et ne pas nuire à la population de certains états qui s'accroît dans une proportion si forte.

Une nouvelle preuve de l'instinct des pigeons (1) viendrait, s'il en était besoin, à l'appui des exemples que nous avons cités dans plusieurs passages de cet essai.

En France, comme en Angleterre et dans tous les

Slockton, avec une vitesse moyenne de 10 à 12 milles [de 2 lieues et demie à 3 lieues] à l'heure.

Des cavaliers, montés sur d'excellens chevaux de chasse, et courant par dessus haies, et fossés des deux côtés de la route, ne purent suivre le convoi. La charge des chariots traînés par la machine locomotive était d'environ 80 tonneaux [160 milliers], et l'on pense qu'il y avait au moins 700 personnes sur ces voitures quand elles arrivèrent à Slockton. Au plus fort de la descente, la vitesse alla jusqu'à 15 ou 16 milles [plus de 5 lieues] à l'heure. La fête se termina par un grand banquet.

(1) L'introduction clandestine des bijoux fabriqués en France, auxquels les Anglais accordent une préférence marquée, tant à cause de leur perfection que de leur prix modéré, éveillait inutilement la surveillance de la douane. L'usage s'en répandait de plus en plus, malgré une sévère prohibition. On reconnut enfin, dit-on, et non sans peine, que ces fraudeurs si long-tems à l'abri de toute recherche étaient des pigeons. On les lançait des côtes de France vers celles d'Angleterre, en leur attachant au cou les objets destinés à être recueillis par les personnes instruites de leur message. Cette ruse en fit naître une nouvelle. Les commis, désespérés de pouvoir atteindre dans l'air ces oiseaux maraudeurs, s'avisèrent de dresser des faucons à les poursuivre et à s'en emparer. Une fauconnerie fut bientôt autorisée pour mettre fin à cette introduction nuisible à l'industrie anglaise, ou pour en diminuer considérablement les inconvéniens.

On prétend qu'un bon fauconnier doit dresser un oiseau dans un mois. On y parvient en faisant veiller et jeûner le faucon, en lui couvrant les yeux, et en ne lui rendant le jour que lorsqu'on lui montre l'appât, en lui vidant l'estomac pour augmenter sa faim, et lui plongeant la tête dans l'eau lorsqu'il est trop revêche.

pays, il est des époques de l'année où les recettes des postes subissent des modifications. Cela tient à des considérations locales. En Angleterre, par exemple, à la fête de Saint-Valentin, qui répond à notre premier de l'an, on prétend que l'administration des postes, à Londres, est forcée d'augmenter le nombre de ses facteurs. On en attribue la cause à la multitude de lettres qui parviennent par la petite-poste, dont les produits sont immenses à cette époque.

Les Anglais se servent, pour leurs avis maritimes, d'une machine à signaux très-perfectionnée. C'est à Jacques II qu'ils doivent les améliorations les plus importantes qui y ont été apportées. Ce prince, par suite d'une longue expérience, rendit l'utilité de cette espèce de télégraphe incontestable. Mais cette machine ne peut entrer en aucune comparaison avec celle qu'on emploie en France.

L'Ecosse, qui conserve toujours les traces de ses mœurs et de ses coutumes antiques, nous offre une nouvelle occasion de parler des signaux par le feu. On les emploie avec beaucoup d'efficacité dans ces montagnes si propres à favoriser cette manière de s'entendre et de communiquer au loin, en peu d'instans, les avis de la plus haute importance.

Quand un chef voulait convoquer son clan ou tribu dans un pressant danger, il tuait une chèvre, et, taillant une croix de bois, en brûlait les extrémités pour les éteindre dans le sang de l'animal. C'était ce qu'on appelait la croix du feu, et aussi crean tarigh, ou croix de la honte, parce qu'on ne pouvait refuser de se rendre à l'invitation qu'exprimait ce symbole, sans être voué à l'infamie. La croix était confiée à un messager fidèle et agile à la course, qui la portait sans s'arrêter jusqu'au village voisin, où un autre courrier le remplaçait aussitôt : par ce moyen, elle circulait dans la contrée avec une célérité incroyable.

A la vue de la croix du feu (1), hommes, enfans, vieillards, depuis l'âge de 15 ans jusqu'à celui de 60 ans,

---

(1) La croix du feu est un usage commun aux montagnards et aux anciens Scandinaves.

étaient obligés de se trouver, à l'instant, armés au lieu du rendez-vous : celui qui y manquait souffrait le double supplice du fer et du feu ; sa désobéissance était marquée par les signes emblématiques de la croix.

Pendant les guerres civiles de 1745 et 1746, la croix du feu parcourait fréquemment l'Écosse, et elle traversa un jour, en trois heures, tout le district de Brealdalbane, c'est-à-dire une étendue de pays de 32 milles.

Feu Alexandre Stuart, écuyer, m'a raconté, dit Walter-Scott, qu'il envoya lui-même la croix du feu à cette époque. La côte était menacée par des frégates anglaises, et l'élite de notre jeunesse était en Angleterre avec le prince Charles Édouard. Cependant, cette convocation fut si efficace, qu'au bout de quelques heures on vit sous les armes une troupe très-nombreuse et pleine d'enthousiasme. Dès ce moment, le projet de faire diversion dans la contrée fut abandonné par les Anglais comme une entreprise désespérée.

Les carrosses et chaises de poste fabriqués à Edimbourg sont renommés : on en exporte beaucoup pour Saint-Pétersbourg.

Les lettres pour les trois royaumes et les colonies qui en dépendent, doivent être affranchies.

ESPAGNE.

L'organisation des postes espagnoles changea lorsqu'un petit-fils de Louis-le-Grand, Philippe V, fut appelé à la couronne, et le titre de grand-maître, dont jouissaient les princes de Taxis, fut transmis par la réunion de cette charge au domaine royal, au comte d'Ognate, qui la posséda à titre d'office. Mais les postes, mises à ferme à-peu-près à la même époque qu'en France, passèrent sous la direction du marquis de Monte-Sacro.

Elles étaient entretenues alors avec plus de soin de Madrid à Bayonne, et sur tous les points qui communiquent avec la France, que dans tout le reste du royaume. On leur a donné depuis une forme plus régulière, et le service actuel se fait avec assez d'activité entre la capitale et les provinces les plus reculées.

C'est dom Narcisse de Heredia (1), comte d'Ofalia,

_____

(1) Regines de los Reos, chevalier grand-croix de l'ordre amé-

qui est surintendant-général des courriers et postes d'Espagne et des Indes, et M. Melgar directeur-général.

Chaque province a un directeur ou un administrateur
particulier pour tout ce qui concerne le service des
postes. Cet agent supérieur dépend du surintendant-
général.

La surintendance-générale, (1) direction et tribunal des
courriers, postes, chemins, auberges, et canaux, s'occupe
des causes relatives à ces différentes parties. *La réal
y suprema junta de apelaciones de los juzgado de
correos y postas* (2), a l'attribution des mêmes objets
en cas d'appel.

Les postes sont comprises dans les recettes générales,
et leur produit entre dans des caisses particulières : elles
doivent rapporter beaucoup, si l'on en juge par le port
des lettres qui est très-élevé en Espagne.

La Casa de Correos, ou Hôtel des Postes à Madrid,
est construite depuis très-peu de tems, à la *Puerta del
sol*. C'est un grand édifice carré, absolument isolé,
d'une très-belle composition, et d'un ensemble assez
majestueux : la cour qui en dépend est entourée d'un
portique soutenu par des colonnes. Ce bâtiment est
très-élevé au-dessus du sol, ce qui cause une irrégularité, commandée sans doute par le terrain, mais d'un
effet désagréable. Cet édifice est néanmoins le plus bel
ornement de la place.

Madrid n'a pas de fiacres : ils sont remplacés par
des carrosses de remise, et par des calèches ou brouettes
traînées par des hommes. On y trouve cependant des
cabriolets attelés de mules ; ils contiennent deux
personnes, que le cocher mène assis sur l'un des brancards.

Le transport des dépêches se fait en carrioles tirées
par quatre mules ; les paquets sont renfermés dans

---

ricain d'Isabelle la catholique, numéraire de l'ordre royal et distingué de Charles III, grand'croix de l'ordre royal de la légion-
d'honneur de France, conseiller-d'état et premier secrétaire-d'état.

(1) Elle est composée d'un surintendant-général, de quatre directeurs-généraux, de deux contadors-généraux, d'un assesseur et d'un
fiscal. Il n'y a que les deux derniers qui soient en robe rouge.

(2) Se compose d'un président, de neuf membres, d'un secrétaire,
d'un contador-général et de deux fiscaux.

une valise : on en ajoute une seconde quand la correspondance l'exige.

C'est au comte d'Aranda qu'on doit l'amélioration des
routes et des chaussées, *caminos reales.* Les chemins
sont superbes, bien percés, soutenus dans les ravins
par des murs et traversés par des ponts très-beaux et très-
solides : il y en a même qu'on peut comparer aux
routes d'Angleterre. Sur quelques-uns, par exemple,
en Catalogne, on voit des colonnes milliaires.

On se sert, pour voyager en Catalogne, comme dans
le reste de l'Espagne, de carrosses traînés par six
mules, qu'on appelle coches de calleras; de calèches,
espèces de cabriolets traînés par deux mules, et de
volantes, autre espèce de cabriolets un peu plus
petits, auxquels on n'attèle qu'une mule : ces voitures
font à-peu-près huit lieues par jour. On court la poste
à cheval en Catalogne ; mais on n'y trouve pas de
chevaux pour les voitures. Les chevaux espagnols sont
très-estimés, surtout les Andalous; ils sont plus convenables à la selle qu'au carrosse : aussi ne voyage-
t-on le plus communément qu'avec des attelages de mules.
Celles de la Catalogne sont très-belles, et dirigées avec
une rare intelligence. Les voituriers de cette province
l'emportent sur ceux des autres parties de l'Espagne,
par l'adresse et l'art avec lesquels ils guident quatre
ou cinq mules, placées à la file l'une de l'autre. Le
royaume de Valence est aussi très-renommé pour la beauté
et la bonté de ces animaux. Les carrosses, les calèches
et tous les moyens de transports y sont très-multipliés.

Il n'y a de poste pour les voitures que de Madrid à
Cadix, et de Madrid aux différentes maisons royales.
elles ont été établies par le comte Florida Blanca qui
se proposait de faire participer les principales routes de
ce royaume à ce précieux avantage (1). Il en est de
même des diligences qu'il avait également établies de
Bayonne à Madrid, dans lesquelles on payait douze
piastres. Cette entreprise ayant entraîné des dépenses

_____

[1] Toutes les cartes d'Espagne, entr'autres celles de M. Lapie,
indiquent les routes de poste montées avec voitures, celles montées
avec chevaux, et celles non montées.

onéreuses pour le trésor royal, on s'en tint à cet
essai. Mais, depuis la guerre de la délivrance, des compagnies ont formé des entreprises de ce genre sur plusieurs
points. S. M. C. a fait l'acquisition d'une partie des
malles-postes françaises employées pour faire le service
des postes militaires. Ces voitures serviront sans doute de
modèles à celles qu'on se propose de construire, pour rendre
non-seulement la communication intérieure de l'Espagne
plus facile, mais pour multiplier les relations entre les
deux royaumes unis plus que jamais par les nœuds de
l'amitié, plus forts encore, s'il est possible, que ceux
de l'intérêt.

Quant aux postes, elles sont passablement servies par
des mules. Les voitures établies sur les routes de poste
sont à deux et à quatre roues; il y en a à une place qu'on
appelle solitaires, ou cabriolets. Parmi ces voitures, il
en est de plus propres sous la dénomination *de distinguées*,
dont le prix, par conséquent, est plus élevé.

Les postes ne sont point établies à des distances
égales sur les routes, aussi, ne paie-t-on qu'en raison
du nombre de *leguas* parcourues; elles sont plus grandes
que celles de France. Il faut une permission des directeurs ou administrateurs des postes pour avoir des chevaux, sans quoi les maîtres de poste, qui sont ordinairement des *venteros*, n'en fourniraient pas. Cette
autorisation coûte 37 réaux et demi par personne. Les
postes de deux *leguas* doivent être parcourues en trois
heures; les frais, selon le tarif, pour deux chevaux,
compris le voyageur et le postillon (1), vont à 4 réaux
par poste.

En voiture (2), la poste est obligée de mener deux
personnes dont le bagage n'excède pas deux cents livres,
avec deux chevaux: le prix est le même que pour un
seul cheval. On paie 4 réaux pour une chaise de poste.

---

(1) L'uniforme des postillons est bleu avec collet rouge.
(2) Chaque voyageur qui mène avec lui sa propre voiture, doit,
à son entrée dans le royaume, en déposer au bureau des douanes,
d'après une estimation d'experts, le 10.ᵉ et même les trois quarts
de la valeur. Il reçoit un certificat, et la somme qu'il a comptée
lui est remise à la sortie, lorsqu'il quitte l'Espagne avec la même
voiture. Cette loi est très-ancienne.

La taxe des postillons est de 2 réaux. La *legua* revient à 12 réaux, mais on ne va pas très-vîte, et on fait, par exemple, les cent milles de Madrid à Cadix dans 4 jours et 4 nuits.

Si la facilité de voyager en voiture par la poste est restreinte à quelques routes, elle a lieu à cheval sur toutes sans exception. On prend souvent de préférence des chemins de traverse, quand on court à franc étrier. La première poste se paie double en sortant de Madrid ou des résidences royales. Le prix des chevaux varie. Il est de 3 réaux 4 quartillos par lieue, pour chaque cheval, en Castille; mais, dans la Navarre, la Catalogne et le royaume de Valence, il en coûte 5 réaux et demi.

L'âne ou borico sert pour les courses de peu d'étendue : c'est une monture incommode.

Les voitures généralement en usage sont les *volantes* ou *calechinas*, espèces de cabriolets à deux roues, et menées par un cheval ou une mule ; les *calechas* conduites par deux mules, dans lesquelles on est plus à l'aise, quoiqu'elles soient mal suspendues, et les coches de *calleras* ou carrosses à 4 places, plus solides qu'élégans. L'allure de ces voitures, disent les voyageurs, est singulière, amusante, effrayante quelquefois, mais toujours sans danger par l'habileté des conducteurs. Les mules qui en forment l'attelage ne sont retenues que par des traits extrêmement longs, qui leur laissent la facilité de s'éloigner, de se rapprocher, et de parcourir la route sans ordre, au point de faire craindre à chaque instant que la voiture ne se brise dans les descentes ou les endroits escarpés, ou qu'elle ne verse dans les précipices. La voix seule du *mayoral* suffit pour prévenir les accidens, et ces animaux, dociles au commandement du guide qui les dirige, reprennent de suite et avec ordre le sentier dont ils s'étaient écartés.

L'affranchissement pour ce royaume et ses colonies est forcé.

PORTUGAL.

Philippe II abandonna la propriété des postes de Portugal à la maison Gomez de Mata, dont les descendans possédèrent la charge de grand-maître avec tous les privilèges qui y étaient attachés. L'organisation de ce service était la même qu'en Espagne. Le transport des lettres s'y fait encore avec la même régularité, et c'est par l'intermédiaire de ce royaume que le Portugal reçoit les dépêches du continent. On trouve à Lisbonne des paquebots qui partent à époques fixes pour la Hollande, l'Angleterre, le Brésil, les îles des Açores, de Madère, et les colonies dépendantes du Portugal où les postes sont établies sur les bâses adoptées dans la métropole.

On voyage en Portugal dans des chaises de postes assez incommodes et toujours mal entretenues. Ce sont des calèches attelées de deux mulets, à 2 roues et à 2 places. On se sert à Lisbonne de ce genre de voitures; mais on y remarque plus communément des équipages à quatre places et à quatre mulets. Il est encore une autre voie qu'on peut prendre, celle des messagers qui conduisent à dos de mulets, monture la plus ordinaire, les dépêches ou les marchandises.

Il faut affranchir toutes les lettres destinées pour le Portugal et ses colonies.

ITALIE.

Les postes des états de Sa Sainteté sont régies par un directeur-général, et le transport des lettres se fait à cheval et en voiture (1). On a introduit depuis peu de tems de nouvelles améliorations dans ce service, surtout dans la forme des voitures, qui ont été construites en Allemagne, avec un soin tout particulier.

Mais les voituriers sont généralement préférés dans toute l'Italie, malgré les établissemens de messageries dont les Français avaient donné l'exemple pendant leur domination, et ceux de malles qui contenaient deux places, une pour le courrier et l'autre pour un voyageur.

Rome, comme quelques autres capitales de l'Europe, n'a pas de fiacres; ils sont remplacés par les carrosses de remise. Mais un usage, commun à toutes les princi-

---

[1] Le tarif des postes italiennes pour le port des lettres est de 7 gram. 1/2 en 7 gram. 1/2. Où il n'y pas de bureau de poste on en trouve un d'estafette.

pales villes de l'Italie, c'est de payer la poste de sortie, qui est considérée comme poste et demie.

Le nombre des voyageurs qui parcourent l'Europe, contribue partout aux changemens heureux introduits, soit dans la forme des voitures, soit dans l'accélération de leur marche, soit enfin dans tout ce qui se rapporte à la facilité et à la commodité des moyens de transport. Parmi les travaux importans que Sa Sainteté fait exécuter en ce moment, pour y parvenir, on remarque la route de Rome à Naples par Valmontone, Formone, Ceprano et Capoue. Cette route est de 25 milles plus courte que celle de Poste, qui traverse les marais Pontins.

A Gênes, en Toscane et dans les états de l'Eglise, le prix pour deux chevaux de chaise de poste est de neuf livres de Gênes, et pour un cheval en courrier de trois livres.

Les postillons sont généralement très-alertes en Italie; leur service se rapproche beaucoup de celui des guides français et anglais.

L'affranchissement est libre pour cette partie de l'Italie.

Tout le pays dépendant de l'empire autrichien est soumis au mode de régie de l'Allemagne. Le service pour le transport des lettres a lieu comme en France, par des courriers en voiture ou à cheval. Les voitures dont on se sert, ressemblent à celles d'Allemagne ; elles n'ont que deux roues et se nomment *sedia*.

Il y a deux manières de courir la poste en Italie, l'une est la poste ordinaire, plus coûteuse dans le Milanais, les états de Venise, le Piémont, la Lombardie, que dans la Toscane et l'Etat pontifical ; l'autre, la cambiatura (1), plus économique, mais moins expéditive, parce qu'on ne peut voyager que pendant le jour, et qu'il est défendu de faire galoper les chevaux. On n'éprouvait jamais de grandes difficultés de la part des maîtres de poste, lorsqu'on voulait prendre cette voie.

Dans les états de Venise, si l'on courait la cambiatura, on ne payait que cinq livres et demie par cheval d'attelage ou de selle. Dans le Milanais, deux chevaux de

---

(1) Cambiatura , voiture à deux personnes et à prix fixe.

chaise payaient un demi-sequin par poste, et un cheval en courrier quatre livres.

On compte, à Venise, 9000 gondoles en activité : elles ont ordinairement 25 pieds de long sur 4 de large, et sont toutes peintes et garnies de drap de même couleur ; celles des personnes riches, se distinguent par une plus grande dimension et des ornemens plus recherchés ; mais, toutes se ressemblent par la forme de leur couverture, qui est une espèce de toit.

L'Italie offre en général plus d'agrément et de facilité pour voyager que l'Allemagne. Les routes sont excellentes, mais les postillons importuns.

L'affranchissement est forcé pour le pays Lombard-Vénitien.

SARDAIGNE.

Les postes sont régies en Sardaigne, en Savoie et en Piémont, à peu près comme en France, avec laquelle ces états correspondent trois fois par semaine. Le service a lieu par entreprise, et le système décimal y a été adopté pour la comptabilité. C'est par la Savoie (1) que parviennent presque toutes les dépêches de l'Italie, destinées pour la France.

Autrefois on courait la cambiatura en Piémont, mais cette coutume est abolie, et le prix de la poste est fixé ainsi qu'il suit : une voiture à quatre roues, attelée de trois chevaux, paie six livres ; lorsqu'il y a quatre chevaux, huit livres ; deux chevaux de voiture, paient 4 livres 10, et le prix pour un cheval de selle est de deux livres.

Turin n'a pas de fiacres, mais des voitures de louage dans lesquelles même on voyage. Les conducteurs s'appellent voiturins ou veturini. La carretino est une espèce de voiture à une seule place, ou plutôt un fauteuil : elle est attelée d'un seul cheval. Sa forme est celle d'un vase, dont le pied tient à un essieu de bois. Il est rare qu'on puisse courir la poste partout ce pays : on se sert quelquefois d'une voiture à deux roues, bien légère.

_____

(1) Le roi de Sardaigne comptait, en 1789, en Piémont, 30 grandes routes.

Il faut dans ce cas, consulter les maîtres de Poste. Avant la route du mont Cenis, les voitures étaient démontées et transportées à dos de mulets, et les voyageurs étaient portés dans des chaises ou ramassés en traîneaux. Aujourd'hui on trouve, au pied du mont, un grand nombre de petites voitures, dans lesquelles on fait ce trajet, sans les inconvéniens d'autrefois.

Pour correspondre avec la Sardaigne, on emploie des goëlettes armées. C'est une précaution très-sage pour résister aux attaques des pirates. Il serait à désirer qu'une semblable mesure fut adoptée par toutes les nations, dont le transport des dépêches a lieu par mer, et surtout par la Méditerranée.

L'affranchissement pour ces pays est libre.

SUISSE.

Le service des postes, en Suisse, soit en régie ou à forfait, est pour le compte de chaque canton et sous la dénomination générale d'office des Postes, ou sous celle de régie et de direction, selon les localités. Les cantons qui n'exploitent pas leurs services, et cela arrive quelquefois, en confient l'administration aux cantons voisins. Les voitures employées au transport des dépêches servent également aux voyageurs et aux marchandises. Le service ne s'en fait pas moins avec une grande régularité, et ne laisse rien à désirer sous le rapport de la sûreté. Le prix des postes françaises est maintenu jusqu'à Gênes, et sur divers autres points.

La manière dont la duchesse de Némours voyageait chaque fois qu'elle partait de Paris pour se rendre en Suisse, dans sa principauté de Neuchatel, a eu, sans doute, beaucoup d'approbateurs, sans trouver un grand nombre d'imitateurs, par les frais que ce moyen entraînait. Elle se faisait porter en chaise par des porteurs qui, au nombre de quarante, la suivaient en chariots, et se relayaient alternativement. Avec cette précaution, elle faisait tous les jours douze à quinze lieues, sans fatigue, et plus agréablement que dans la voiture la plus douce et la plus commode. Cet usage, si répandu dans l'Inde, où l'on établit les hommes par relais, comme nous le pratiquons pour les chevaux, ne pourrait être aisément introduit en Europe, tant à

cause de nos mœurs que des moyens de transports actuels , si économiques et si rapides. Les signaux par les
feux se sont toujours conservés en Suisse. Il est peu de
contrées plus propres à ce genre de correspondance.

L'affranchissement est forcé pour cet état.

NAPLES.

Le royaume de Naples , tout le reste de l'Italie et les
îles du Levant , ont à peu près le même mode de transport.

Les postes napolitaines sont servies par les chevaux
que les seigneurs voisins des routes fournissent de
leurs haras , et dont ils retirent le profit. Ces chevaux ,
élevés avec soin , sont très-estimés et très-convenables
pour ce service.

Les bateaux à vapeur vont donner une nouvelle activité à la correspondance de toutes les îles de la Méditerranée. Ils sont employés avec succès à Venise ; et
bientôt, tous les retards qu'on éprouvait dans les relations maritimes disparaîtront.

On voyage dans le royaume de Naples , en chaises
qui, avec deux chevaux, paient onze carolins par poste.
Un cheval, à franc étrier, coûte cinq carolins et demi.
La calèche napolitaine n'est qu'une espèce de coquille
à une place , sur un piédestal, supportée par des
brancards très-légers et très-élastiques, et traînée par
un seul cheval. Son poids est de dix à quinze livres.
Elle roule avec une vitesse extrême. Le voyageur dirige le cheval ; et , le conducteur placé derrière , tient
le fouet. Il y a d'autres calèches, ou *curriculi*, qu'on
loue 10 ou 12 fr. par jour. La nouvelle route (1) qui
a été construite pour traverser le mont Pausilippe, est
superbe, et on peut la parcourir très-commodément
en voiture.

Nous avons remarqué que la partie de l'Italie dépen-
dante de l'Autriche était seule soumise à l'affranchissement forcé.

---

(1) Elle a coûté 30,000 ducats, et les troupes autrichiennes y ont
travaillé sous la direction de M. Mulhiwerth , capitaine du génie
autrichien.

AFRIQUE.

Ce n'est pas dans cette partie du monde où nous devons chercher quelque régularité dans l'organisation des divers moyens substitués aux postes. Il y a cependant, dans les états de Tunis et d'Alger, des relations établies; et ce sont les Maures de la campagne habitués à supporter les plus rudes fatigues, qui servent de messagers; mais ils sont d'une stupidité sans exemple (1).

M. Le Vaillant a remarqué que les Hottentots avaient un sûr moyen de s'entendre, par la manière dont ils disposaient des feux sur certains lieux élevés. *Les feux de nuit*, dit-il, *sont un langage particulier que connaissent et pratiquent la plupart des nations sauvages, mais aucun n'a porté cet art si loin que les Houzouanas, parce qu'aucun n'a autant besoin de l'étendre et de le perfectionner. Faut-il annoncer une victoire ou une défaite, une arrivée ou un départ, une maraude heureuse ou un besoin de secours, en un mot une nouvelle quelconque, ils savent, en un instant, notifier tout cela, soit par le nombre de leurs feux, soit par la manière dont ils les disposent. Ils ont même l'industrie de varier leurs feux de tems en tems, de peur que les nations ennemies venant à les reconnaître, elles ne les emploient par surprise et par trahison. J'ignore en quoi consiste cette langue si habilement inventée, tout ce que je puis dire, c'est que les feux allumés à vingt pas l'un de l'autre, de manière à former un triangle équilatéral, annoncent un ralliement.*

---

(1) *M. de Chénier rapporte que l'un d'eux, qui attendait ses dépêches dans un appartement où il y avait une glace, crut, en y voyant son image réfléchie que c'était un autre courrier qui attendait, comme lui, d'autres dépêches dans une chambre voisine. Il demanda où allait ce courrier, et on lui répondit, en plaisantant, qu'il se rendait à Mogadore. Eh bien, dit-il, nous irons ensemble; et il en fit aussitôt la proposition au camarade qui gesticulait, comme lui, dans le miroir, et ne répondait pas. Il était près de se fâcher, lorsqu'il vit, dans la même glace, une personne qui entrait dans l'appartement. Étonné de son erreur, il eut bien de la peine à se persuader, malgré ses yeux et ses doigts, qu'il pût se voir, disait-il, à travers une pierre.*

On pourrait citer des traits d'une pareille stupidité, au sein même des nations les plus civilisées, et le recueil des anas pourrait être facilement grossi d'exemples de ce genre.

Nous retrouvons chez ces peuplades, les mêmes procédés que nous avons observés en parlant des premiers essais tentés avant l'institution des postes. En se reproduisant encore, ils seront une nouvelle preuve, que parmi les tribus qui n'ont fait aucun pas vers la civilisation, les mêmes besoins, les mêmes causes, font naître les mêmes pratiques. Si, chez les Hottentots, on remarque ce procédé porté à un plus grand degré de perfection, cela tient à l'organe de la vue, qui rend ces insulaires capables de découvrir, à des distances incroyables, des objets imperceptibles pour des yeux moins exercés que les leurs (1). De là cet avantage qui les distingue dans les dispositions multipliées de leurs feux.

Au Congo, les missionnaires rapportent qu'on voyage dans des hamacs portés par des nègres. Quand on veut faire diligence, on les établit par relais, et ils avancent avec la rapidité des meilleurs chevaux. C'est aussi la manière de voyager dans d'autres contrées de l'Afrique, entr'autres dans le royaume d'Ardra, où les chemins sont très-commodes; et, quoiqu'il y ait beaucoup de chevaux, les nègres, de ces contrées, ne montent que des bœufs pour parcourir les plus grandes distances et se trouvent très-bien de cette façon d'aller.

Moore assure avoir vu un Africain qui montait une autruche, et se rendait ainsi, avec rapidité, d'un lieu à un autre très-éloigné. *J'ai vu des autruches apprivoisées*, dit M. de la Caille, *que des nègres employaient*

_____

(1) Bernardin de Saint-Pierre parle d'un homme qui prétendait avoir trouvé le secret d'annoncer l'arrivée des vaisseaux, lorsqu'ils étaient à 60 ou 80 lieues des ports et même plus loin. Il en avait fait, ajoutait-il encore, l'expérience plusieurs fois à l'Ile de France, devant divers témoins, qui avaient signé le mémoire qu'il présenta au ministre de la marine, en France. En effet, l'expérience eut lieu à Brest, devant des commissaires, et elle ne réussit pas.

J'ai pensé, dit l'auteur des Etudes de la Nature, *que cet observateur avait pu, dans quelque circonstance favorable et commune dans le ciel des tropiques, avoir la vue des vaisseaux par la réflexion des nuages. Ce qui me confirme dans cette idée, c'est un phénomène très-singulier qui m'a été raconté par notre célèbre peintre Vernet, mon ami. Étant dans sa jeunesse en Italie, il se livrait particulièrement à l'étude du ciel, plus intéressante, sans doute, que celle de l'antique, puisque c'est des sources de la lumière que partent les couleurs et les perspectives aériennes qui font le charme des tableaux ainsi que de la nature. Vernet, pour en fixer*

en place de chevaux. Elles n'avaient pas plutôt senti le
poids du cavalier, qu'elles se mettaient à courir de
toutes leurs forces, et leur faisaient faire le tour de
l'habitation, sans qu'il fut possible de les arrêter,
autrement qu'en leur barrant le chemin. *La charge de
deux hommes n'est pas disproportionnée à leur force*,
et lorsqu'on les excite, elles étendent leurs ailes, comme
pour prendre le vent, et s'abandonnent à une telle vitesse, qu'elles semblent perdre terre. *Je suis persuadé
qu'elles laisseraient bien loin derrière elles les plus
forts chevaux anglais. Elles ne fournissent pas une
course aussi longue ; mais, à-coup-sûr, elles la feraient
plus promptement. On voit, par-là, de quelle utilité serait cet animal, si l'on trouvait moyen de le maîtriser
et de l'instruire, comme on dresse les chevaux.*

Nous avons dit, au commencement de cet essai, que
l'Egypte avait donné l'exemple de la poste aux pigeons,
et qu'on les y employait à cet usage, depuis un tems
immémorial. On nous pardonnera d'ajouter encore quelques détails à ceux que nous avons donnés, à propos
d'un pays si fécond en cette sorte d'oiseaux.

De Rosette au Grand-Caire, Norden dit qu'on distingue partout des colombiers de forme pyramidale,
où se rassemblent d'innombrables pigeons. On prétend
même qu'aujourd'hui les mariniers d'Egypte, de Chypre
et de Candie, nourrissent sur leurs navires de ces sortes
de pigeons. C'est, dit Belon, pour les lâcher quand ils
s'approchent de terre, afin de faire annoncer chez eux
leur arrivée. Le consul d'Alexandrie s'en sert pour envoyer promptement de ses nouvelles à Alep, et pour

---

*les variations, avait imaginé de peindre sur les feuillets d'un livre toutes
les nuances de chaque couleur principale, et de les marquer de différens
numéros. Lorsqu'il dessinait un ciel, après avoir esquissé les plans et les
formes des nuages, il en notait rapidement les teintes fugitives sur son
tableau, avec des chiffres correspondant à ceux de son livre, et il les co-
loriait e nsuite à loisir. Un jour, il fut bien surpris d'apercevoir dans les
cieux la forme d'une ville renversée ; il en distinguait parfaitement les
clochers, les tours, les maisons. Il se hâta de dessiner ce phénomène, et,
résolu d'en connaître la cause, il s'achemine, suivant le rumb de vent,
dans les montagnes. Mais quelle fut sa surprise de trouver, à 7 lieues de
là, la ville dont il avait vu le spectre dans les cieux, et dont il avait le
dessin dans son portefeuille.*

donner avis des bâtimens qui entrent dans le port. Ce
trajet, qui est de trente lieues, est parcouru par les
pigeons en moins de trois heures.

Toutes les caravanes qui voyagent en Arabie, font
savoir, par le même moyen, leur marche aux souverains arabes avec qui elles sont alliées. Au reste, il paraît
que cet usage est très-répandu en Orient, où l'on dresse
les pigeons à porter et à rapporter les lettres dans les
occasions qui exigent une extrême diligence (1).

Mahomed-Ali, pacha d'Égypte, a fait établir, par
M. Abro, de Smyrne, qui a habité Paris pendant long-
tems, une ligne télégraphique d'Alexandrie au Caire,
sur le modèle des machines en usage en France. Elle a
dix-sept stations ; et les signaux, faits avec précision,
transmettent les avis en 40 minutes de l'une à l'autre de
ces villes. Cette mesure doit être commune à toute
l'Égypte. Il y a, en outre, des relais à chacune des stations télégraphiques, pour correspondre d'Alexandrie au
Caire.

La présence des Romains se fait remarquer encore
dans ces contrées par des restes d'antiquités, des chemins,
des chaussées, des ponts et des bornes milliaires.

Les colonies françaises, en Afrique, ne pouvaient être
privées de l'avantage des bateaux à vapeur. Deux de ces
bateaux, d'une force de 32 chevaux, naviguent sur le
Sénégal et remontent le fleuve jusqu'à 350 lieues de son
embouchure. Ainsi, on pourra pénétrer dans des lieux
où il eût été impossible de s'ouvrir des communications
par terre, tant à cause des obstacles naturels, que des
dangers auxquels on se trouve exposé en traversant le

---

[1] On remarque les mêmes habitudes chez certains oiseaux.
Ceux du tropique annoncent, dit-on, l'arrivée des vaisseaux d'Europe, en les devançant de fort loin, et en venant aborder avant
eux.

O combien de marins, s'écrie l'auteur des Harmonies de la Nature,
ont péri sur des écueils inconnus, qui auraient pu revoir leurs com-
pagnons, s'ils avaient pensé à les instruire de leur sort par les oiseaux !
Vous leur devriez peut-être la vie, vous et vos compagnons, ô infortuné
la Peyrouse !

territoire de certaines castes africaines livrées aux habitudes les plus féroces et les plus sanguinaires. Peut-être
qu'un jour l'intérieur de cette partie du monde, qui a
échappé à toutes les investigations, sera explorée avec
succès par le moyen de ces bâtimens qu'un moteur si
puissant rend si propres aux navigations des grands
fleuves.

ASIE.

Les messages se font en Turquie par le moyen des
coureurs. C'est une coutume commune à tous les peuples
dont les relations habituelles sont moins multipliées qu'en
Europe. Si on voulait ajouter foi à certains récits, les
individus que le Grand-Seigneur emploie à ce service
ne devraient leur agilité qu'à l'extirpation de la rate
qu'ils seraient forcés de subir. C'est sans doute de cette
croyance populaire qu'est venue la façon de parler :
courir comme un ératé. Mais, sans nous arrêter à cette
absurde supposition, nous ajouterons que ces courriers
du Grand-Seigneur, appelés valachi, vont avec une
diligence incroyable. Pour éprouver moins de fatigue,
ils se serrent, dit Montaigne, *à travers le corps, bien
estroitement, d'une bande large, comme font assez
d'aultres.* Ils ont le singulier privilége de démonter le
premier cavalier qu'ils rencontrent, et de n'éprouver
aucun refus dans cet acte arbitraire. Ils se servent de
ce cheval jusqu'à ce qu'il se présente une nouvelle occasion d'en changer. Ils achèvent ainsi leur course, sans
dépense pour le Sultan, sans charges pour le peuple,
et sans fatigue pour eux-mêmes. Quelques individus,
de tems à autre, sont victimes de cette mesure despo-
tique ; car il est rare que ces messagers ne profitent
pas de leurs droits ou manquent d'occasion d'en user.
Mais l'empire absolu du Sultan sur ses sujets les rend
peu sensibles à ces contre-tems.

Les lettres qu'on expédie de Londres pour l'Inde, se
rendent à Vienne par Hambourg en 10 jours ; la distance est de 806 milles ; de Vienne à Constantinople,
dont le trajet est de 800 milles, quelquefois en 16 jours.
Cette différence est causée par la fonte des neiges et

l'état des routes ; enfin, de Constantinople à Bassora, qui en est éloignée de 1800 milles (600 lieues), par l'Arménie et le Diarbeck. Les Tartares, qui font le service de courriers en Turquie, et qui jouissent du singulier privilége de démonter les cavaliers qu'ils rencontrent, font ordinairement à présent ce long voyage sur des chevaux entretenus par le gouvernement. Ils s'embarquent sur le Tigre pour faire les 400 milles qui restent de Bagdad à Bassora : ce trajet, qu'ils effectuent en 4 jours, en prend seize lorsqu'ils reviennent et remontent l'Euphrate, moins rapide que le Tigre.

Le service des dépêches a lieu aussi d'Alep à Bassora par les Tartares, qui mettent seize jours à faire ce trajet sur leurs dromadaires (1).

On voyage dans le désert de l'Inde à cheval ou en mohaffa, espèce de petites voitures placées comme des paniers sur le dos d'un chameau, et couvertes de rideaux supportés par un piquet établi comme un mât sur la selle.

En Tartarie, ce sont les chevaux entretenus aux dépens du grand cham qui font le service de la poste. Parmi ces chevaux aussi vigoureux qu'endurcis à la fatigue, on choisit les mieux exercés à la course pour les courriers du prince. Les clochettes que l'on place en France au cou des chevaux, sont attachées à la ceinture des courriers tartares. Le bruit qu'elles produisent d'assez loin, suffit pour donner le tems à celui qui doit continuer la course de se tenir prêt à recevoir les dépêches pour les transporter à son tour à la station suivante.

Lorsque la distance à parcourir n'est pas très-considérable, on emploie des coureurs à ce service : cette coutume était usitée chez les Romains, où des messagers à pied transmettaient les lettres de certaines villes de l'empire.

Une autre manière de voyager se remarque parmi les Tartares anguris : ils ne montent que des buffles (2).

Pendant que le capitaine Sarris était à Moka, il reçut

_____

[1] Chaque journée est de 16 à 18 lieues.
(2) Il en est ainsi du roi de Baly et des seigneurs de sa cour.

la visite du Roi de Rahaïta, sur la côte d'Abyssinie, qui montait une vache.

Aux Indes de deçà, dit Montaigne, *c'estait anciennement le principal et royal honneur de chevaucher un éléphant ; le second, d'aller en coche trainé à quatre chevaux; le tiers, de monter un chameau ; le dernier et plus vil degré, d'être porté par un cheval seul. Quelqu'un de nostre temps escrit avoir veu, en ce climat là, des pays où on chevauche les bœufs avecques bastines, estriers et brides, et s'estre bien trouvé de leur posture.*

Mais la manière la plus usitée de voyager, c'est de se faire porter en palanquin, espèce de pavillon sur un brancard plus ou moins élégant, selon la condition des particuliers. Sa forme ordinaire est celle d'un coffre, de 6 pieds de haut, sur trois et demi de large : il est entouré de persiennes. On peut s'y coucher facilement en reposant sa tête sur une planche en pente ; mais il faut se tenir dans le milieu pour être bien porté.

Le palanquin est soutenu par un bambou qui avance de trois ou quatre pieds de chaque bout et qui est fixé très-solidement dans le milieu ; c'est là que les boës ou porteurs y placent leurs épaules de manière à se croiser : ils sont toujours au nombre de six, trois sur le devant et autant sur le derrière. Ces boës n'ont pas d'autre métier. Ils font ordinairement deux lieues par heure, courent plus qu'ils ne marchent, et se relayent sans qu'on s'en aperçoive. S'ils trouvent un étang, ils s'y mouillent les pieds et le visage, pour reprendre des forces. La journée d'un boës est de douze ou quatorze lieues. On en prend toujours une douzaine, et on les établit par relais : c'est la poste du pays. Le prix d'un palanquin à Madras est de deux roupies et demie par jour.

Les grands et les femmes de qualité, lorsqu'ils voyagent, choisissent de préférence des éléphans, sur le dos desquels on dispose de larges pavillons richement ornés. On les emploie aussi à traîner les voitures (1).

_____

(1) La voiture de cérémonie de l'empereur des Birmans, prise par les troupes anglaises au commencement de la campagne [1825], est arrivée en Angleterre. Tout est extraordinaire dans cette voiture

La charge d'un éléphant est de trois ou quatre mille
livres. Ces animaux, lorsqu'on les monte, ne bronchent
jamais ; mais, en revanche, leurs mouvemens ne sont
pas très-doux. Ils font au pas ordinaire autant de chemin qu'un cheval au petit trot, et autant que les
chevaux au galop, lorsqu'ils accélèrent leur marche. La
journée d'un éléphant est de 20 lieues ; quand on le
presse, il peut en faire 30 et même 40 (1).

Les routes dans l'Inde sont assez belles et formées
d'une espèce de brique. Elles sont très-fréquentées par
les habitans qui visitent sans cesse les pagodes qu'on
y trouve en très-grand nombre, soit à pied, à cheval,
ou en gadi, espèce de voiture attelée de bœufs. Les
grandes routes, anciennement tracées, étaient divisées
par stades de dix en dix, pour guider les voyageurs
et marquer les distances. On avait construit des lieux
de repos pour les caravanes, auprès desquels on creusait
des étangs et des puits, afin de remédier, autant que
possible, à la disette d'eau. Un passeport, toujours écrit
en malabare, en persan, et en talinga, est indispensable pour parcourir ces contrées : les pions l'exigent
strictement des voyageurs.

A Madras, la plupart des routes sont spacieuses,
bien entretenues et bordées, de distance en distance de
rangées d'arbres, soit de bambous, de cocotiers, de
palmiers ou autres plantes élevées. La route qui conduit
au fort Grammont, éloigné de 4 lieues de la ville,
est surtout très-remarquable. On est étonné de la quantité de voitures, cabriolets, de palanquins qui circulent
au déclin du jour ; de la beauté et de la parure des
chevaux arabes que montent les Anglais ; et de l'attelage de certaines voitures indiennes conduites par des
bœufs superbes, richement caparaçonnés et dont les
cornes sont peintes et souvent dorées.

---

dont l'or forme la base, et qui est couverte de milliers de diamans
et des pierres les plus précieuses. Elle a 25 à 30 pieds de hauteur ;
elle est traînée par des éléphans. C'est un chef-d'œuvre qu'il eût été
difficile de surpasser en Europe.

(1) Chardin prétend que l'éléphant en marchant ne fait pas plus
de bruit qu'une souris, qu'il va fort vite, et que, s'il vient derrière
vous, il est sur vos talons avant que vous vous en aperceviez,
(*Bernardin le Saint-Pierre.*)

L'industrie et le commerce si actif de l'Inde exigeaient des moyens faciles de correspondre. Les Anglais
qui en sentaient la nécessité, les établirent ou les per-
fectionnèrent. Les présidences de Calcutta, de Madras et
de Bombay firent, à cet effet, des réglemens de poste,
en 1793, sous la surintendance générale de Charles
Esphinstome. Des relais de tapals furent établis à 7 ou
8 milles de distance l'un de l'autre, et leur diligence
surpassa toute attente.

Cette organisation régulière a servi au Nabab d'Arcate
pour entretenir des relations avec les provinces méridionales : ses lettres ont généralement parcouru cent
milles en vingt-quatre heures (1). Les coureurs employés à ce service, toujours au nombre de deux,
portent chacun un sac de cuir placé sur le dos comme
le havresac d'un soldat. Ils ont aussi une torche allumée
pendant la nuit, et le jour un bassin en cuivre, sur lequel ils frappent continuellement pour effrayer les animaux féroces, très-redoutables dans ces climats.

Dans les provinces qui appartiennent à la Compagnie,
le produit des lettres lui rend, comme en Angleterre,
un bénéfice considérable. On paie, par exemple, de
Bombay à Pouna 50 reas pour une lettre simple. Le port
augmente en raison du poids (2).

Il avait été question de correspondre par terre avec
l'Angleterre, mais les frais de cette entreprise en firent
rejeter l'exécution. On y trouvait cependant un avantage réel, puisque les dépêches seraient parvenues par
cette voie en 49 jours au Bengale, et en cinquante et un
jour à Madras ou à Bombay, tandis qu'il faut par mer

---

(1) La facilité des communications entre les diverses parties de
l'Inde est si grande aujourd'hui, qu'un courrier du gouvernement
qui part de Calcutta pour Ceylan, par la voie de Madras, arrive à
sa destination en 8 jours et 3[4 d'heure. La distance est de 1044
milles : la poste fait ordinairement cette route en onze jours. Un
courrier extraordinaire, expédié de Bombay à Calcutta par terre,
se rend dans cette dernière ville en 18 jours et demi : la distance
entre les deux villes est de 1308 milles.

(2) De Bombay à Tajala pour Roupies 1 quartz 50 reas.

Id.	à Hyderabab,	»	2	»
Id.	à Mazulipatan,	»	3	»
Id.	à Madras,	1		50
Id.	à Calcutta,	1	2	25

quatre mois pour arriver au Bengale, cent jours pour
aller à Madras et trois mois vingt jours pour se rendre
à Bombay.

L'entreprise des bateaux à vapeur, qui sera bientôt
en activité, offre des résultats autrement avantageux.
Elle ne peut manquer de trouver auprès des capitalistes
des colonies de l'Angleterre aux Indes, la protection
que la métropole accorde à toutes les découvertes utiles
à la prospérité nationale. Nous avons vu que déjà les
négocians de Calcutta avaient répondu à cet appel par
des souscriptions. Les tentatives qu'ils ont faites dans
ce genre et qui ont été couronnées du plus heureux succès, ne laissent plus d'incertitude sur la stabilité de ce
nouveau moyen de correspondance. Le premier bateau à vapeur, qui ait été construit aux Indes, se
nomme la Diana (1). Il a exécuté, de la manière la plus
satisfaisante, le trajet de Calcutta à Chinsarab.

Le voyage à travers l'Isthme de Suez est regardé de
plus en plus comme un faible obstacle à tout projet de
communication avec la Méditerranée. Dans tous les cas,
le trajet par le cap de Bonne-Espérance deviendrait et
moins long et plus régulier que la navigation actuelle,
par la voie des bâtimens à vapeur, si surtout on pouvait en améliorer la construction, comme tout semble
le présager (2).

Au Mogol il n'y a que les princes ou les grands personnages qui puissent se faire suivre par des chevaux,
des bœufs ou des chameaux. Les palekis, voitures du
pays, sont à deux roues, tirés par des bœufs, ayant
une impériale en forme de toit incliné. Ces voitures
servent pour les grands voyages.

---

[1] Il a été lancé à l'eau le 12 juillet 1823, à Kidderpon, près
de Calcutta.

[2] M. Brown, anglais, se propose d'introduire, au lieu de vapeur dans le cylindre, du gaz hydrogène qui, étant détruit par la
combustion, produirait un vide complet dans lequel le piston se plon-
gerait avec une force irrésistible. On introduirait de nouveau du
gaz, ce qui produirait l'effet d'élever le piston, et ensuite le gaz
serait détruit comme la première fois. La machine ne peserait que
25 à 30 quintaux. Un petit fourneau tiendrait lieu de la chaudière
à vapeur, et l'on calcule que 5 barils d'huile seraient suffisans pour
conduire un vaisseau dans l'Inde.

C'est une profession assez commune au Mogol que celle de louer des bœufs et de les conduire pour toute espèce de transport. Il y a aux Indes des castes entières qui n'embrassent point d'autre métier.

CHINE.

Les postes sont établies d'une manière très-régulière dans tout l'empire de la Chine. L'empereur seul en fait les frais, et entretient à cet effet une infinité de chevaux. Les courriers partent de Pékin pour les capitales des provinces ; le vice-roi (1) qui reçoit les dépêches de la cour d'un kougtou ou gouverneur, les communique par d'autres courriers aux villes du premier ordre, celles-ci aux cités d'un ordre inférieur.

Quoique ces postes ne soient pas entretenues pour les particuliers, il est rare qu'il ne s'en servent pas. Les missionnaires en usaient avec autant de sûreté, et beaucoup moins de dépense qu'ils ne faisaient en Europe.

Comme il est très-important que les courriers arrivent avec régularité, les mandarins ont soin de faire tenir les chemins en bon état ; et l'empereur, pour les y obliger plus efficacement, fait souvent courir le bruit qu'il parcourt ses provinces. C'est ainsi qu'Auguste et quelques empereurs romains en agissaient. La moindre négligence est punie avec sévérité. Un de ces officiers n'ayant pas mis assez d'activité à faire réparer une route par laquelle l'empereur devait passer, aima mieux se donner la mort que de s'exposer à un châtiment inévitable.

Les Chinois n'ont pu parvenir à remédier à l'inconvénient causé par la poussière qui couvre leurs routes (2). Les voyageurs qui les parcourent soit à pied, à cheval, sur des chameaux, soit en litière ou en chariot, se précautionnent inutilement de masques ou de voiles pour éviter cette incommodité ; cependant, ces chemins sont larges, unis et bien pavés ; dans plusieurs

---

[1] Il est toujours assisté par province d'un trésorier général, d'un juge criminel, d'un conservateur des impôts et d'un intendant des postes.

[2] Bernardin de Saint-Pierre attribue aux tempêtes sablonneuses la poussière qui couvre les routes de la Chine et qui oblige d'aller toute l'année à cheval avec un voile sur les yeux.

provinces on a pratiqué des passages sur les plus hautes montagnes, en applatissant leur sommet, en coupant les rochers, en comblant les vallées et les précipices, en établissant des ponts suspendus sur des cordages ainsi que sur les fleuves et les rivières et tous les endroits difficiles où l'on n'aurait pu parvenir sans ce moyen. Un des plus connus est celui de la rivière de Kein cha yan, dans le canton de Lolo. Il y a aussi de distance en distance sur les routes, tantôt des grottes, des hospices ou d'autres établissemens commodes et agréables, bâtis pour l'utilité des voyageurs : ils sont dus le plus ordinairement à labienfaisance de quelques mandarins.

Avec le permis ou billet de poste dont on a soin de se munir, on trouve tous les secours nécessaires sur la route. Ce permis consiste en une feuille de papier, imprimée en caractères tartares et chinois, et scellée par le tribunal souverain de la milice. Il est ordonné au bureau de fournir, sans délai, un certain nombre de chevaux ou de barques lorsqu'on est obligé de voyager par eau ; enfin tout ce qui est nécessaire à la vie. Le sceau imprimé sur ce permis a trois pouces de largeur en carré, sans autre figure ou caractère que le nom du tribunal et des principaux officiers.

On se fait porter en chaise par des porteurs qui ont leur chef, auquel on s'adresse pour ce service. C'est d'après l'état des malles et des paquets que le prix est fixé et payé d'avance, et l'on reçoit autant de billets qu'on veut d'hommes. Rien n'égale la légèreté de ces porteurs, ils ne s'arrêtent que trois fois par jour et font deux lieues par heure.

C'est à l'empereur Hoang-Ty que les Chinois attribuent l'invention des chars attelés d'animaux pour conduire avec rapidité les hommes et transporter les fardeaux. Si la nécessité de multiplier les relations dans un état est en raison de sa population, on doit juger des avantages qui en ont résulté dans cet empire, où 15,000 mandarins lettrés sont chargés de l'administration.

Outre leurs postes, les Chinois ont établi sur les routes des tours ou stations de cinq lieues en cinq lieues destinées aux signaux qu'ils emploient comme un autre moyen de communication. Il suit de là qu'aux yeux de quelques personnes, l'invention du télégraphe français serait attribuée à ce peuple. Cette supposition, injurieuse pour un savant de notre nation, n'a pas besoin d'être combattue : elle est du nombre de ces assertions dont le tems fait justice. D'ailleurs ce moyen si rapide de communiquer par signes dans une langue nouvelle, eût-il été négligé par les nations de l'Europe et particulièrement par les Anglais qui ont apporté tant d'étude dans l'établissement de leurs signaux. Cette correspondance oculaire, si imparfaite en tous lieux, n'a de perfection et de résultats importans qu'en France. Le profit d'une si précieuse découverte est donc resté seul à cette nation, et la gloire de l'avoir faite à un français. Nous sommes loin de penser que les Chinois, aussi grands calculateurs que profonds dans la connaissance des sciences exactes, n'aient pas des méthodes utiles et ingénieuses dans l'art de s'entendre par signes : tout porte à croire même qu'ils les possèdent ; mais c'est un secret qu'ils conservent avec tant d'autres qu'on pourrait leur envier.

Il n'est pas rare de voyager en Chine dans des espèces de voitures attelées de chiens. Les missionnaires disent avoir vu une femme tartare qui revenait de Pékin, et qui avait un équipage de cent chiens à ses traînaux.

Parmi les moyens qu'employèrent les maîtresses de Tien-ou-ti, empereur chinois, qui se laissait entièrement captiver par elles, on rapporte qu'elles avaient fait construire un char d'une grande magnificence, et d'une légèreté telle, que des moutons le traînaient dans un parc immense, où tout lui retraçait les goûts voluptueux qui lui faisaient négliger les soins de son empire. Cet exemple ne tarda pas à trouver des imitateurs parmi les courtisans qui, pour plaire à leur maître, ne se présentaient plus à la cour qu'avec des attelages de cette espèce d'animaux.

SIAM.

On voyage dans ce royaume sur des chevaux assez généralement mauvais. Les éléphans sont la monture la plus usitée, quoi qu'on se serve souvent de buffles et de bœufs. Les chaises à porteurs ne ressemblent pas aux nôtres. Elles sont découvertes et entourées d'une balustrade, dont la richesse des décorations dépend de la qualité des personnes Les palanquins sont comme les hamacs ou filets de Goa.

Les voitures pour voyager par terre sont moins communes que les barques appelées ballons, employées sur les fleuves, si nombreux de ce pays. Les Siamois sont renommés par leurs courses sur l'eau dans ces sortes de bateaux. A certaines époques on adjuge des prix aux rameurs qui les conduisent avec une vitesse incroyable. Ils ont aussi des courses de bœufs et de buffles. Ces animaux, que les grands seigneurs font dresser pour cet exercice, courent avec la même rapidité que les chevaux.

BOUTAN.

Il y a des chemins si étroits et si difficiles dans le royaume de Boutan, qu'on y trouve à peine la place du pied. Les précipices que l'on voit à droite et à gauche rendent les voyages très-dangereux. Une coutume singulière et bizarre a lieu dans ces contrées montagneuses ; ce sont les femmes qu'on assujettit à la cruelle corvée de porter les voyageurs, au-devant desquels elles viennent à cet effet avec des boucs pour le transport des bagages.

Le coussin sur lequel les voyageurs se placent, et qui sert de siége, est retenu par des courroies fixées aux épaules. Ces femmes sont disposées par relais de distance en distance, et se reposent ainsi d'un service aussi abject que pénible. Elles ne gagnent qu'une roupie en cinq jours. On donne le même prix pour un bouc. quelle idée peut-on concevoir d'un peuple qui s'avilit à ce point. Heureusement qu'un usage aussi révoltant ne s'est point reproduit ailleurs. N'est-ce pas déjà trop de ce triste exemple ?

JAPON.

Les postes au Japon sont appelées *sinka* ; elles sont placées quelquefois à un mille de distance l'une de l'autre, et souvent à quatre milles. Tout ce qui peut convenir à la commodité et à l'agrément se trouve réuni à ces stations, où l'on remarque toujours des cours spacieuses pour les chevaux. Le prix de tout ce qu'on peut se procurer à ces postes est réglé par tout l'empire. Il règne dans ces tarifs un grand esprit de justice. Les distances, l'état des chemins et le prix des vivres et des fourrages, contribuent à les modifier suivant les localités. Les ponts, dans cet empire, sont magnifiques ; les chemins unis et plantés comme nos promenades en Europe. Ils sont divisés en milles géométriques, qui commencent au pont de Jedo, placé, croit-on, au centre de l'empire. Les milles sont marqués par des buttes élevées l'une vis-à-vis de l'autre, au sommet desquelles on plante des arbres. Chaque canton est distingué par un pilier qui indique le nom du seigneur dont il dépend et les limites qui le circonscrivent. On a coutume de porter, lorsqu'on voyage, un éventail sur lequel les routes sont marquées, ainsi que les distances des lieux, le prix des postes, celui des vivres et des hôtelleries. Cette idée est ingénieuse, surtout dans un pays où la chaleur du climat rend par là l'usage de l'éventail aussi agréable qu'utile.

Chaque station a un certain nombre de messagers chargés de porter, à la plus voisine, les lettres, les édits, les déclarations ; enfin tout ce qui intéresse le service de l'empereur. Ces dépêches sont renfermées dans une boîte ou coffre verni de noir, sur lequel on voit les armes du prince, et que les messagers portent sur leurs épaules, au moyen d'un bâton auquel elles sont fixées. On a toujours soin de faire marcher deux courriers ensemble, en cas d'accident. Ils portent une cloche à la main et l'agitent de tems en tems, afin d'avertir de leur approche. Cette précaution a pour but de prévenir tous les obstacles qui pourraient s'opposer à leur marche. Les voyageurs, à ce signal, s'arrêtent ou changent la direction de leur route. L'empereur même se soumettrait à cette loi, s'il se trouvait sur leur passage et qu'il pût les retarder dans leur course.

AMÉRIQUE.

Les postes sont très-bien servies au Canada, surtout de Québec à Montréal ; et, pour rendre praticables, en hiver, les routes si généralement belles dans les autres saisons, on y plante des perches, lorsque la neige commence à tomber, afin d'en conserver la direction : dès qu'elles ont pris assez de consistance pour être favorables au traînage, les communications reprennent

avec plus d'activité et on fait, par ce moyen, 15 à
20 milles par heure. Les traîneaux, les berlines et les
carrioles servent l'hiver : l'été, on voyage en calèche.
Ces voitures contiennent trois personnes et sont traînées
le plus ordinairement par un seul cheval.

Dépendant autrefois de l'Angleterre, les Etats-Unis
ont dû en recevoir les institutions. Les postes aussi
n'ont rien changé à l'organisation qu'elles lui doivent.
Elles sont toujours remarquables par leur activité, qui
ne peut que se conserver et même s'accroître par la prospérité vers laquelle ces contrées tendent de plus en plus.
On y compte aujourd'hui plus de six mille bureaux de
poste, qui font parvenir les lettres avec une étonnante
célérité. Les courriers parcourent 1,500,000 milles de
routes de plus qu'ils ne faisaient il y a cinq ans ; malgré tant d'améliorations, les recettes, cette année,
égalent les dépenses. Les communications sont favorisées
par la beauté des routes (1), les canaux et les ponts suspendus sur des chaînes de fer (2). Combien les voitures
publiques ont dû se multiplier dans un pays où l'on
voyage si fréquemment. Les fiacres y sont devenus très-
communs. Il y a 15 ans on n'en comptait pas 25 à Phi-
ladelphie, il s'en trouve aujourd'hui plus de 600 ; les
chevaux, généralement très-beaux et très-robustes,
sont dressés à aller l'amble et font cinq milles par heure
et 15 lieues par jour. Il est à remarquer que les postillons
ne manquent jamais de s'arrêter, après avoir parcouru 4
milles, pour faire abreuver leurs chevaux. Ces haltes fréquentes, dont ils profitent eux-mêmes pour leur compte,
très-désagréables en hiver pour les voyageurs, ont un
but d'utilité pour les chevaux, auxquels elles redon-
nent une nouvelle vigueur. Il serait impossible d'en agir
autrement, vu la rapidité avec laquelle on leur fait
parcourir la distance qui se trouve entre chaque relais.
Du reste, les routes sont généralement commodes.

On cite parmi les hommes remarquables qui ont di-

---

[1] On s'occupe, aux Etats-Unis, du projet d'une grande route qui
doit aller de Washington à Mexico pendant 3300 milles [1:00]. Le
gouvernement mexicain doit coopérer à cette dépense.

[2] Il n'en existait que 8 en 1820, et on en compte aujourd'hui plus
de 40.

rigé les postes de l'Amérique septentrionale , le célèbre
Benjamin Franklin (1). Il fut d'abord directeur des
postes de la Pensylvanie , et il s'acquitta si bien de cet
honorable emploi , que le gouvernement le nomma , en
1753 , à celui plus important et plus lucratif de directeur-général des postes de l'Amérique.

Jamais contrées ne furent plus favorablement partagées pour jouir pleinement de l'avantage de la navigation par le moyen des bâtimens à vapeur. On sait combien les beaux fleuves qui les traversent sont convenables
à ces entreprises maritimes , et combien la correspondance a acquis de célérité et de régularité depuis cette
découverte. En 1787 , Fitch parvint à naviguer sur la
Delaware , avec une assez grande vitesse , mais à l'aide
d'un mécanisme trop peu solide pour être employé
avec un succès soutenu. C'est à Robert Fulton que les
Etats-Unis doivent le précieux avantage d'avoir donné
l'exemple de cette navigation aussi utile que merveilleuse. Le premier bateau que cet ingénieur a construit
en Amérique , fit , en 1807 , le trajet d'Albanie à New-
Yorck (57 lieues) en 32 heures , et revint en 30 heures.
Depuis ce tems, l'usage des bateaux à vapeur s'est répandu avec une étonnante rapidité. M. Marestier , déjà
cité , estime qu'il y en a plus de 60 sur le Mississipi ,
40 au moins sur le Canal de l'île longue, le Hudson , etc. ,
outre ceux du fleuve Saint-Laurent et des grands lacs au
nord des Etats-Unis.

Autrefois, le trajet de la Nouvelle-Orléans à Louisville,
qui est de 150 lieues de poste en suivant le cours des
rivières , ne durait pas moins de trois mois ; aujour-
d'hui, quelques bateaux de la Nouvelle-Orléans se rendent
en 14 jours jusqu'à Cincinnati, c'est-à-dire 54 lieues plus
haut que Louisville. A la Louisiane , ces bateaux (2) font
la navigation du fleuve et des rivières qui y affluent et
jaugent 40 ou 50 tonneaux. On en voit même de 900 tonneaux, qui portent un nombre considérable de passagers.

----

[1] Il occupait encore cette place, en 1766 , lorsqu'il parut à la
chambre des communes de Londres , au sujet de la révocation de
l'accise du timbre.

[2] On en compte sur une seule rivière plus de 100 et plus de 50
dans un seul port. Ils jaugent ensemble plus de 14 mille tonneaux.

Nul doute que dans dix ans on ne parvienne à communiquer aux grands lacs du nord-ouest, à la mer Atlantique, de là à l'Isthme de Panama, et peut-être à travers cet Isthme, à la Chine et à la Nouvelle-Hollande, par le moyen de ces bâtimens ; ils servent actuellement aux voyages de New-Yorck à Pensacola, à la Nouvelle-Orléans et à la Havane. On y trouve les commodités, les avantages et les agrémens. des voitures et des hôtelleries les meilleures de l'Europe.

On remarque encore chez les esquimaux de la baie de Baffin l'usage des attelages de chiens aux traîneaux.

PÉROU.

On courait la poste au Pérou sur les épaules d'hommes destinés à ce service. Leur diligence à parcourir une distance qui ne devait pas excéder un mille, était si étonnante, qu'elle égalait la vîtesse d'un cheval. Ce qui surprenait davantage, c'était leur adresse à décharger sans s'arrêter le voyageur qu'ils portaient, pour le jeter sur les épaules du courrier qui les remplaçait.

Lors de la conquête que les Espagnols firent de cet empire en 1527, les chemins étaient magnifiques. Ils remarquèrent surtout que celui qui conduisait de Cusco à Quito, dans une étendue de près de cinq cents lieues, était aligné avec soin, pavé avec solidité, bordé d'arbres appelés *molly*, aux pieds desquels coulaient deux ruisseaux. Ce chemin était aussi revêtu de chaque côté de murailles parfaitement construites pour retenir les terres. L'imagination est surprise des travaux qu'il a fallu entreprendre pour venir à bout d'un projet aussi vaste, soit en perçant des montagnes ou comblant des précipices, d'autant plus que les Péruviens étaient privés de machines propres à transporter les pierres (1) pour la construction des édifices établis de distance en distance sur les routes. L'étonnement redouble en considérant la hardiesse de ces ponts suspendus par des cordages avec lesquels la communication entre Lima et Quito fut rendue si facile. L'Europe peut imiter ces entreprises gigantesques avec la supériorité que donne l'industrie aux

_____

(1) Les moindres avaient dix pieds carrés.

peuples civilisés, sans rien ôter à la gloire de ces nations qui, n'ayant pas les mêmes avantages, ne trouvaient aucun obstacle pour se frayer un passage à travers les montagnes les plus élevées et les plus inaccessibles du globe.

Quant aux courriers appelés chasqui, leur emploi consistait à porter les ordres de l'Inca aux gouverneurs des provinces. Placés au nombre de six dans de petites cabanes distantes l'une de l'autre d'un quart de lieue, les uns veillaient constamment pour être prêts à porter sans délai, à la station voisine, le message qu'ils recevaient de vive voix d'aussi loin qu'ils pouvaient l'entendre, afin de le transmettre de la même manière ; les autres, pendant ce tems se livraient au repos que ce service fatigant et continu leur rendait si nécessaire. On conçoit avec quelle rapidité les volontés du monarque parvenaient sur tous les points de l'empire.

Quelle ressource offrait encore aux Péruviens leurs nœuds ou quipos. La différence des couleurs, la variété des contextures, avaient une signification très-multipliée, qui donnait les moyens de correspondre plus secrétement. Les quipos étaient composés de petits cordons de laine de toutes couleurs arrangés et contournés en divers sens. On attachait à chacune de ces formes, de ces couleurs, la signification des choses les plus essentielles. Ainsi, un rond fait avec de la laine blanche ou jaune représentait la lune ou le soleil. Les Péruviens correspondaient par la voix ; mais, lorsque la commission devait être secrète, ils se donnaient l'un l'autre une espèce de quipos ; c'était alors un chiffre convenu entre l'Inca et le gouverneur auquel il était adressé.

La maîtresse de Pizarre trouvait les nœuds pour exprimer la pensée bien insuffisans auprès des caractères européens. *Ce langage*, disait-elle, *était trop borné pour rendre ce que je ressentais pour mon amant.*

MEXIQUE.

La nouvelle de la présence de Cortez au Mexique jeta l'effroi dans tout l'empire de Montezuma. Ce prince, qui régnait alors, ne tarda pas à en être instruit ; car, selon la coutume de cet état, il avait des courriers qui l'entretenaient de tout ce qui s'y passait. On choisissait les jeunes gens les plus dispos qu'on exerçait dès le premier âge. La principale école était le grand temple de la ville de Mexico. Il y avait des prix tirés du trésor public pour celui qui arriverait le premier au pied de l'idole. Dans ces courses, qu'ils faisaient d'une extrémité de l'empire à l'autre, ils se relevaient de distance en distance avec une mesure si proportionnée à leur force, qu'ils se succédaient avant d'être las. Les dépêches qu'ils apportaient à l'Empereur consistaient en des pièces de toiles peintes, sur lesquelles étaient représentées les différentes circonstances des affaires dont ils devaient être instruits. Ces figures étaient entremêlées de caractères qui suppléaient à ce que la peinture n'avait pu exprimer.

Dans les circonstances extraordinaires, les Péruviens et les Mexicains, comme les peuples anciens, employaient la fumée et les feux pour transmettre au loin les avis qui intéressaient le salut de l'état.

Non-seulement on avait reconnu les chiens propres aux attelages, mais encore à servir de courriers. On leur attachait au cou les dépêches qu'on voulait qu'ils transportassent, et l'instinct dont ce précieux animal est doué, le conduisait à fournir sa course avec rapidité, et même encore à défendre le paquet qui lui était confié contre toute entreprise indiscrète. Les Portugais, dit-on, les ont employés à cet usage lors de leurs conquêtes aux Indes.

Dans l'intérieur de l'Amérique du sud, pour les communications, soit du Brésil, de Buenos-Ayres, soit des provinces de l'ouest situées aux pieds des Andes, les marchandises d'un grand poids sont transportées quelquefois sur des chars traînés par des bœufs ; mais le mauvais état des routes, les ruisseaux bourbeux et les étangs, rendent ce mode excessivement long : on se sert plus communément de mules et de chevaux de bât. Les maisons de poste, qu'on trouve de distance en distance, sont de misérables chaumières presque abandonnées et très-incommodes par les insectes qui s'y rassemblent.

Il n'y a que quatre passages dans la partie de la cordilière méridionale, dont un seul est assez large pour que les chars y passent avec facilité.

Nous ne porterons pas plus loin l'énumération, peut-être déjà trop prolongée dans un essai de ce genre, des moyens de correspondre et de voyager chez tous les peuples du monde. Nous nous bornerons à observer que le séjour des Européens dans leurs possessions d'outre-mer (1) et les relations non interrompues que celles-ci entretiennent avec les métropoles, ne laissent plus d'incertitude sur la possibilité de communiquer avec les diverses contrées répandues sur tous les points du globe.

Et quoiqu'il n'existe pas en France de bâtimens (2) spécialement destinés au transport des lettres, le service des postes maritimes n'en a pas moins lieu avec toute la régularité qu'on remarque sur le continent. Aucun vaisseau n'y est attaché; tous y coopèrent; et le nombre considérable de ceux que le commerce emploie à faciliter ses échanges, sert aussi à multiplier ceux de la pensée.

---

(1) Une compagnie anglaise a déjà rassemblé de très-grands capitaux destinés à la construction de routes, de canaux, de bâtimens à vapeur, de chemins en fer et de tous les ouvrages propres à établir, dans l'Amérique méridionale, les moyens rapides et perfectionnés employés en Europe pour multiplier les communications. Parmi les singularités que nous avons remarquées dans le cours de cet essai sur la docilité de certains animaux, nous citerons encore les tigres dressés à conduire le chariot de M. Carneiro, procureur à Bogota, Ils sont tellement apprivoisés, qu'il s'en sert habituellement pour se rendre au palais de justice.

(2) Le bateau à vapeur le *Galibi*, nommé la *Caroline* depuis le voyage de S. A. R. Madame duchesse de Berri en Normandie, parti du Hâvre, est arrivé sur la côte de la Guyanne en 36 jours de traversée. Ce bâtiment est destiné à naviguer entre les divers points de cette intéressante colonie, coupée par de nombreuses rivières, qui deviendra bien plus importante, lorsqu'on aura mis à exécution les divers projets de canalisation.

QUATRIÈME PARTIE.

PRATIQUE DES POSTES.

Les postes, après avoir éprouvé tant de variations, semblent établies sur des bases fixes et durables. Une longue expérience a fait rectifier peu à peu tout ce que la théorie n'offrait pas d'assez régulier dans la pratique.

Il serait sans doute insuffisant d'en suivre l'histoire, si l'on ne cherchait dans le code qui les régit les moyens sûrs de profiter pleinement des avantages qui en résultent pour la société. En effet, quelle administration est d'un usage plus répandu ? Quel est l'individu, quelque puissant ou quelque obscur qu'il soit dans l'État, dont elles ne servent les relations d'intérêt, de famille, d'amitié et de bienséance. On est cependant frappé de l'insouciance qu'on rencontre généralement dans le monde à cet égard, et surpris d'y voir ignorer jusqu'aux plus simples notions d'un service dont le besoin se fait sentir presque à chaque instant.

Nous ne croirions donc pas avoir rempli la tâche que nous nous sommes imposée, si, à la suite de ces considérations générales sur les postes, nous n'entrions pas dans quelques détails indispensables propres à servir de guide dans la pratique.

La direction générale des postes comprend actuellement, sous ce titre, la poste aux lettres et la poste aux chevaux : elle est administrée par un directeur-général, M. le marquis de Vaulchier, grand-officier de la Légion-d'Honneur, conseiller-d'État et membre de la chambre des députés, sous l'autorité et la surveillance duquel le travail est réparti entre les trois administrateurs qui lui sont adjoints.

M. N., administrateur de la 1.re division, est chargé

des relais (1), des correspondances (2) et du bureau (3) des malles et estafettes ;

M. le comte de Raucogne ✳, administrateur de la 2.ᵉ division, s'occupe de ce qui est relatif à la vérification (4) des droits et produits, et du personnel (5) ;

M. Barthe-la-Bastide ✳, membre de la chambre des députés, administrateur de la 3.ᵉ division, dirige le départ (6), l'arrivée (7), la division (8) de Paris, les articles (9) et le bureau des voyageurs (10).

Le secrétaire-général, M. le baron Roger (O. ✳), membre de la chambre des députés, a dans ses attributions le bureau d'enregistrement des dépêches, le bureau d'ordre ou 1.ᵉʳ bureau (franchises et contre-seings), le bureau du budget, le bureau du matériel, le bureau du dépôt et des derniers rebuts, et tout ce qui a rapport aux transports frauduleux.

On compte douze bureaux de poste à Paris, en y comprenant ceux de la cour, de la chambre des pairs et de la chambre des députés, desquels dépendent des

---

(1) M. Forgeot ✳, chef de division. Création et suppression des relais, fixation des distances, gages et indemnités aux maitres de poste ; secours et pensions aux postillons.

(2) M. de Raucogne [Henri], chef de division. Etablissement et suppression des bureaux de poste, distribution, entrepôts, services de nuit, coïncidence des courriers, fixation des dépenses dans les départemens, inspecteurs, offices étrangers.

(3) M. Pierrot, chef.

[4] M. Mahou, chef de division. Vérification des bordereaux des droits et produits établis par les comptables. — M. Gachet, agent comptable. Recette et dépense faite pour le service intérieur à l'hôtel des postes.

[5] M. Tenant de la Tour ✳, chef de division. Notes, d'informations et rapports sur le personnel des employés, présentation aux emplois vacans. — M. de Richoux, chef de division des services.

[6] M. Bousquet, chef de division. Taxe des lettres, affranchisemens, chargemens, expédition des estafettes, courriers extraordinaires pour les départemens et l'étranger.

[7] M. Jaqueson de Vauvignol ✳ ✳, chef de division. Réception et vérification des dépêches, tri et remise des lettres et paquets pour le Roi et les ministres.

[8] M. Ginisty ✳, chef de division. Paris, bureau de distribution, affranch. des p. p. Paris : tri, distribution générale.

[9] M. Itasse ✳, chef de division. Mouvement, surveillance et comptabilité des articles d'argent et valeurs cotées qui sont déposés à Paris et dans les départemens.

[10] M.   , chef.

boîtes en très-grand nombre, placées dans les lieux les plus apparens. Ces boîtes sont levées de deux heures en deux heures, sept fois en été et six en hiver. Le terme moyen de chaque distribution est de trois heures. Les distributions, pour les bureaux établis dans la banlieue se font deux fois par jour.

Toutes les lettres de réclamations relatives au service doivent être adressées à M. le directeur-général des postes.

Les inspecteurs des postes sont les agens supérieurs dans les départemens. Ils sont au nombre de trente, et leurs divisions comprennent, à quelques exceptions près, trois départemens.

Le nombre des bureaux de poste, en France, est de 1371 (1), non compris les distributions. Ils sont administrés par des directeurs ; mais tous n'ont pas de contrôleurs, de commis, de distributeurs, de garçons de bureau et de facteurs. Cette organisation, plus ou moins modifiée, dépend de l'importance des localités : on distingue, par cette raison, les bureaux en simples et composés.

Chaque bureau de poste a une boîte dont l'ouverture, placée extérieurement, est destinée à recevoir les lettres qu'on y jette tant le jour que la nuit. Dans les grandes villes, ces boîtes, appelées *petite-poste*, sont établies dans les divers quartiers, d'où les lettres sont retirées plusieurs fois dans la journée pour être transportées au bureau appelé *grande-poste*.

On entend par lettre, épître ou missive, la feuille de papier écrite d'une dimension déterminée, dont la forme, après avoir été repliée sur elle-même, est celle d'un carré long. Le côté où les plis se rejoignent pour recevoir le cachet qui la clot, s'appelle le dos ; l'autre, qui est le dessus, est destiné à l'adresse ou suscription.

L'adresse doit être claire, précise, lisiblement écrite et dégagée de toute explication surabondante.

Il est essentiel de s'informer des heures d'ouverture des bureaux de poste de chaque lieu où l'on se trouve, de celles des levées de boîtes pour le départ des courriers de chaque route, ainsi que des jours où s'expédient ces courriers : les retards dans l'expédition, et par conséquent la réception des lettres proviennent tou-

---

(1) 1825.

22

jours de l'incertitude du public à cet égard. Il est facile
de le démontrer. Les courriers expédiés de Paris pour
les provinces, et réciproquement de celles-ci pour la
capitale et les villes du royaume, partent tous les jours
et le plus généralement trois fois la semaine. Il est
clair que, si, se trompant d'heure, on jette une lettre à
la boîte, le lundi par exemple, après le départ d'un
courrier qui ne doit plus avoir lieu que le jeudi suivant,
elle éprouve, en séjournant dans le bureau d'expédition,
un retard de 72 heures. Supposons la même erreur de
la personne qui doit y répondre, et on aura la solution d'un problème qui étonne tout le monde, excepté
les agens des postes qui ont tant d'occasions de gémir
sur une insouciance si préjudiciable aux intérêts du public.

Il n'est peut-être pas hors de propos de donner ici
une idée générale des opérations qui ont lieu pour les lettres depuis l'instant où elles sont jetées à la boîte jusqu'à
celui où elles sont remises aux destinataires.

Les lettres retirées de la boîte sont portées sur une
table pour être timbrées ; puis on les trie pour les placer dans les cases destinées à chaque correspondance ; on
les taxe ensuite, après les avoir pesées, s'il y a lieu, en
suivant les progressions du tarif ; on les compte, et le
montant contenu dans chaque case est porté sur une
lettre d'avis jointe au paquet qu'on en forme, en le fi-
celant, le couvrant de plusieurs feuilles d'un papier
très-fort, le reficelant et fixant les bouts de la ficelle
avec de la cire sur laquelle on applique le cachet du bureau. La couverture porte encore, écrit à la main, le
nom du bureau auquel on expédie le paquet, et le timbre du bureau expéditeur. On inscrit aussi sur un registre le montant des lettres contenues dans cette dépêche ; et, après avoir rempli les mêmes formalités pour
chaque correspondance (il y a des bureaux qui en ont
jusqu'à cent), on les classe par route, et on en porte
le nombre sur une feuille ou part qui sert à établir la responsabilité des courriers auxquels ces paquets sont confiés.

Voilà pour l'expédition. Cette opération, pour laquelle les instructions accordent une heure, depuis la
dernière levée de la boîte, se fait ordinairement dans
une demi-heure, tant l'intelligence et la promptitude
des officiers des postes sont remarquables.

A la réception des dépêches, qui a lieu immédiatement après l'arrivée du courrier, on en constate le nombre, et on en fait l'ouverture pour s'assurer si le montant des lettres qu'elles contiennent est conforme à celui indiqué sur les feuilles d'avis qui les accompagnent ; on les remet aux facteurs ou distributeurs, qui les trient, reconnaissent l'exactitude des sommes auxquelles elles montent, et s'acheminent, sans délai, vers leurs quartiers respectifs, pour en faire la distribution.

Il est facile de juger, d'après ces diverses opérations, du travail auquel une lettre donne lieu, et combien il est minutieux, puisque nous avons vu que Paris en reçoit et en expédie plus de 30,000 par jour, sans compter 35,000 feuilles périodiques.

La lettre est *simple*, lorsqu'elle ne pèse pas six grammes, et non parce qu'elle est formée d'une simple feuille de papier et même d'une demi-feuille. Le poids seul détermine cette dénomination, toujours mal interprétée par le public. Lettre simple, dans ce cas, est synonime de non *pesante*. Il faut, pour éviter toute méprise, n'employer que le papier dit papier à lettre, et choisir le plus fin. On y trouvera un grand avantage, puisque la plus légère différence dans le poids fait une augmentation qui ne peut être moindre d'un décime.

La lettre taxée est celle dont le prix exprimé en décimes se place sur le dessus ou suscription. Les chiffres dont on se sert à cet effet ont une forme particulière. Dès que la lettre n'est plus simple, l'application du tarif, qui a lieu d'après son poids, est indiquée par les chiffres 7, 8, 11, 15, etc., inscrits dans l'angle supérieur gauche de la suscription.

La lettre est *surtaxée* lorsque diverses causes ont concouru à une fausse application du tarif. Dans ce cas, les destinataires sont toujours admis à réclamer la réduction de la taxe au taux légal, et, par conséquent, le remboursement de cet excédant, qui ne peut être alloué que d'après l'ordre du directeur-général des postes, et sur la représentation de la lettre recachetée, de l'enveloppe, de la suscription même (lorsqu'on peut l'en détacher sans inconvénient), qui lui est transmise par l'intermédiaire des directeurs des postes. Cette pièce est renvoyée de Paris avec l'autorisation de paiement.

Tout particulier a le droit de refuser les lettres qui lui sont présentées. Le principe de justice qui guide l'administration dans cette mesure, la porte à le retirer dès l'instant que la lettre a été reçue et à plus forte raison décachetée sciemment. Dans le cas de refus d'une lettre, elle est conservée pendant trois mois dans le bureau de poste où elle est arrivée, pour être remise au destinataire, s'il croyait devoir la retirer dans cet intervalle. Passé ce délai, les réclamations n'ont plus lieu qu'à Paris.

L'expéditeur de lettres *mal cachetées, recachetées, ou dont le cachet porte des traces d'altération*, doit toujours faire mention dans sa lettre, ou sur la suscription même, des raisons qui l'ont causée, pour éviter les soupçons qui pourraient être dirigés contre les officiers des postes.

Il y a des lettres *blanches*, et d'autres dont l'adresse est vicieuse ou imparfaite : ce cas se présente fréquemment. On appelle blanches, celles auxquelles l'adresse manque entièrement. Les autres, ou portent le nom du lieu sans celui du destinataire, ou le nom de celui-ci, en ayant omis la désignation du lieu, ou sont privées des indications propres à fixer l'incertitude de l'agent des postes sur la direction qu'il doit leur faire suivre.

Ces lettres sont immédiatement envoyées à Paris, afin d'obtenir les renseignemens convenables pour leur donner cours ; dans ce cas, celui qui reçoit la lettre qu'il a écrite, ne peut mettre en doute l'erreur qu'il a commise; mais, le défaut de réflexion, quelquefois une injuste prévention, et presque toujours l'ignorance des lois, donnent occasion de croire que les directeurs des postes s'arrogent arbitrairement la faculté d'ouvrir les missives. Cette formalité, commandée par la nécessité, n'est jamais remplie que par le directeur-général et les administrateurs des postes, dans l'intérêt des particuliers, et en vertu des lois du royaume (1).

Les lettres ne doivent contenir aucun objet étranger à la correspondance.

_____

(1) La loi du 7 nivôse an 10 règle les époques d'ouverture, de brûlement et de garde : elle fixe à cinq ans la garde des objets importans et de valeur : ces derniers sont alors transmis au trésor royal.

On peut réclamer les lettres mises à la boîte avant le départ du courrier, soit pour les retirer, soit pour en rectifier l'adresse, seulement quand on les a écrites et signées, et en remplissant certaines formalités exigées rigoureusement.

Dans cette circonstance, et comme dans toutes celles où les officiers des postes opposent la sévérité des réglemens, le public croit voir des entraves. Mais qu'il se persuade bien que toutes ces mesures sont dans son intérêt et qu'elles ajoutent une nouvelle garantie à l'inviolabilité du secret des lettres.

La similitude de noms, et la brièveté de l'adresse quine contient que le nom du destinataire et du lieu de destination, causent souvent des méprises sur l'ouverture des lettres. Dans ce cas, la personne qui a ouvert la lettre qu'elle reconnaît ne pas lui appartenir, doit l'attester sur le dos, en signant qu'elle a été ouverte *par conformité de nom*. Les employés des postes font les recherches nécessaires pour trouver le véritable destinataire ; car le but n'est pas tant de placer la lettre pour en toucher le prix du port, que de la remettre à la personne à laquelle elle est véritablement destinée ; d'où il suit que l'intérêt du Trésor dans la perception du port n'est que secondaire, puisque la lettre est moins une denrée, une marchandise qu'on débite indifféremment, qu'une propriété qui ne peut être détournée des mains de son possesseur.

Les lettres sous un nom supposé ne peuvent être remises aux personnes qui les réclameraient.

Il n'est pas nécessaire de faire sentir les dangers que ce mode de correspondance entraînerait.

On entend par *lettres à poste restante* celles qui ne sont remises aux destinataires que sur leur réclamation et qui ne peuvent être comprises dans les distributions faites par les facteurs.

Les lettres *franches* sont celles qui par certaines formalités, telles que le contre-seing, ne sont point assujetties à la taxe. Elles intéressent le service du Roi, pour lequel l'administration des postes a été établie originairement.

On peut s'adresser aux directeurs des postes afin de connaître les fonctionnaires de l'état qui jouissent de la franchise sans restriction.

Les lettres *affranchies* sont celles dont le port est payé d'avance par l'envoyeur, pour que le destinataire n'ait aucun prétexte de la refuser.

Les lettres affranchies sont taxées devant la personne qui les présente d'après les mêmes règles que celles jetées à la boîte. Ce qui les distingue de celles-ci, c'est que la taxe est placée sur le dos, et que le timbre porte deux PP.

L'affranchissement est volontaire ou forcé. Il est libre, par exemple, pour tout le royaume : on entend par ce mot, la faculté d'affranchir ou de ne pas affranchir. Il est essentiel d'affranchir toutes les lettres pour les personnes chargées de fonctions publiques, telles que ces curés, préfets, sous-préfets, juges, maires, députés, agens-d'affaires, etc., et même les particuliers avec lesquels on n'a pas de relations habituelles, parce que ces lettres sont ordinairement refusées, lorsque le port n'en est pas payé d'avance. Dans ce cas, comme dans beaucoup d'autres, le public chercherait en vain à rejeter sur la poste toute responsabilité. Les détails qui précèdent et ceux qui suivent, suffiront, croyons-nous, pour détruire d'injustes préventions, et pour prouver que les erreurs qui se modifient de tant de manières, ne peuvent jamais lui être imputées.

Nous avons indiqué, dans la troisième partie, les principaux lieux pour lesquels l'affranchissement est forcé ou volontaire : on pourra y recourir à l'occasion. Mais comme les arrangemens entre l'office général de France et les offices étrangers peuvent subir des modifications, nous engageons à consulter à cet égard le livre de poste que nous avons cité dans le cours de cet ouvrage.

Les lettres des colonies sont celles transportées par les bâtimens du commerce destinées pour les provenances d'outre-mer. Elles doivent être affranchies.

Les lettres simples pour les militaires en activité, jusqu'au grade d'officier, jouissent, lorsqu'on les affranchit, d'une modération de taxe qui est fixée à vingt-cinq centimes.

Les imprimés présentés sous bandes à l'affranchissement, qui ne contiennent aucune écriture à la main (excepté la date et la signature pour les circulaires), paient cinq centimes par feuille d'impression; et quatre centimes seulement lorsque ce sont des journaux.

Le plus grand nombre est assujetti au droit du timbre (1).

Par lettres *chargées* on entend celles qui sont présentées au directeur et pour lesquelles il perçoit le double
du port ordinaire de la lettre affranchie ou jetée à la
boîte. Ces lettres doivent être sous enveloppe et cachetées de 3 ou 5 cachets en cire avec empreinte : elles
sont enregistrées et frappées du timbre du bureau et
de celui portant le mot chargé. L'administration ne répond que de ces sortes de missives , pour lesquelles elle
accorde cinquante francs, lorsqu'elles ne parviennent pas
à leur destination. Afin de faciliter les recherches, en
cas de réclamation , il est délivré un bulletin à l'envoyeur.

Le destinataire est toujours prévenu de l'arrivée de
la lettre (que lui seul peut retirer), pour laquelle il
donne son reçu sur les registres tenus à cet usage. Il
peut néanmoins , en cas d'absence, se faire représenter pour remplir ces formalités. Mais une procuration
quelque générale et quelqu'étendue qu'on pût la sup-
poser , qui ne contiendrait pas la clause spéciale de
retirer les lettres de la poste , serait sans valeur près des
directeurs. Cette omission , qui peut entraîner de graves
inconvéniens , devrait éveiller l'attention des hommes
publics auxquels la rédaction de pareils actes est confiée.

Il n'est peut-être pas inutile de rappeler ici que les
lettres, même décachetées , destinées pour un lieu où se
trouve un bureau de poste , ne peuvent être transportées
que par les courriers de l'administration. Toute autre voie,
qui constate un délit de fraude (2) , serait d'autant moins
excusable que les moyens de correspondre , multipliés à
grands frais chaque jour, entretiennent une activité admirable dans les relations.

On comprend sous le titre d'articles, les espèces d'or
et d'argent, ayant cours, présentées à découvert pour
être acquittées dans tous les bureaux de poste du royaume

---

(1) Les lettres de faire part de naissances , de mariages et de décès
en sont exemptes.

(2) Dans ce cas, le destinataire qui réclame sa lettre, en paie le
double port ; et le contrevenant est condamné à une amende qui ne
peut être moindre de 150 francs.

seulement, et pour lesquelles on paie un droit fixe de 5 centimes par franc et 35 centimes pour le timbre de la reconnaissance (1). Cette pièce est détachée d'un talon ou lettre d'avis que le directeur envoie à son correspondant; d'un bulletin qui reste aux mains de l'envoyeur et d'une souche envoyée à la direction générale. On voit par là qu'il ne faut altérer en rien la dimension de la reconnaissance expédiée par le déposant au destinataire, puisqu'à l'instant du paiement elle est rapprochée de la lettre d'avis. S'il restait quelqu'incertitude après cette comparaison, le directeur se refuserait à faire droit à toute réclamation jusqu'à plus ample information.

Les articles ne sont payables qu'au destinataire ou à un fondé de pouvoirs spéciaux.

Les *valeurs cotées* se composent des bijoux, pierreries ou autres objets précieux qui sont déposés à découvert, afin que le directeur puisse en apprécier la valeur, sur l'estimation de laquelle il perçoit le même droit que pour les articles d'argent, en se conformant à peu près aux mêmes formalités. Les objets sont renfermés, en présence du directeur, dans une boîte ficelée et cachetée en cire du cachet de l'envoyeur.

Les malles-postes sont ces voitures élégantes, à quatre places, montées sur ressorts, ayant quatre roues, attelées de quatre chevaux et destinées au transport des dépêches et des voyageurs. La régularité dans les heures de départ et d'arrivée, et la célérité avec laquelle on peut parcourir l'étendue du royaume, ne sont pas les seuls avantages qu'offre cette manière de voyager.

Le prix des places, sans distinction d'âge, est d'un franc cinquante centimes par poste.

Les directeurs sont chargés de l'enregistrement des voyageurs et de la recette des places, dont le prix doit être acquitté avant le départ.

Tout voyageur qui ne se serait pas muni d'un passeport ne pourrait être admis dans ces voitures.

La poste (2) aux chevaux dépend de la direction

_____

[1] Les sommes au-dessous de 10 francs, adressées aux militaires en activité de service, n'y sont point assujetties.

[2] Le maître de la poste aux chevaux à Paris, M. Dailly, a son relais rue Saint-Germain-aux-Prés, n.° 10.

M. Davrauge de Montville, préposé à la distribution des permis, a son bureau à la poste aux chevaux.

générale de la poste aux lettres et elle est sous la surveillance immédiate des inspecteurs des postes.

On compte 1463 relais, composés chacun d'un nombre de chevaux nécessaires (1), qui varie suivant l'importance des lieux, mais qui ne peut être moindre de quatre.

Ils sont fournis et entretenus par des agens, sous le nom de maîtres de poste, pour transporter les dépêches du Roi et des particuliers, et conduire les voyageurs d'après les réglemens. Outre le prix qu'ils retirent de la course des chevaux employés à ce service, ils reçoivent des *gages* qui ne peuvent s'élever au-dessus de 450 fr., ni être au-dessous de 250 fr.

Par arrangement conclu en 1822, les maîtres de poste conduisent les messageries : celles-ci sont exemptes par là du droit de 25 centimes par cheval à leurs voitures, créé au profit des premiers.

Chaque relais, à la tête duquel est un maître de poste, a un nombre déterminé de postillons, comme lui, à la nomination du directeur-général des postes.

Chaque poste doit être parcourue dans une heure; et le maître du relais est tenu de présenter son registre d'ordre, sur la demande de tout voyageur qui croit devoir y consigner ses plaintes.

Le livre de poste qui paraît annuellement, nous dispense d'entrer dans d'autres détails : ils seraient encore insuffisans pour celui qui entreprendrait de voyager par la poste sans en être muni.

On appelle estafette (2) le courrier chargé de porter d'une poste à l'autre les dépêches extraordinaires renfermées dans un portefeuille, dont la clef reste aux mains des directeurs. Ce moyen est tellement prompt, qu'une distance de cent lieues peut être parcourue en moins de 25 heures.

Le gouvernement l'emploie dans les circonstances

_____

(1) Dénomination donnée aux chevaux fixés par le réglement.
(2) Cette dénomination n'est pas applicable aux courriers extraordinaires qui transmettent avec diligence la dépêche qu'ils ont reçue jusqu'à sa destination. Ces sortes d'expéditions sont assujetties à des règles particulières.

importantes et sur les points où il n'existe pas de lignes télégraphiques.

Les particuliers ne peuvent participer à cet avantage qu'avec l'autorisation des directeurs de la poste aux lettres.

Nous croyons qu'il n'est pas nécessaire d'entrer dans de nouvelles explications sur l'usage des postes, surtout après y avoir été conduit si naturellement par nos recherches sur leur origine, leur but, leur importance, leurs progrès et leurs résultats. La pratique vient ici à l'appui de la théorie.

Il nous semble donc qu'il ne peut rester d'incertitude sur l'utilité d'une institution si généralement répandue et sur les avantages inappréciables que la société en retire.

C'est une vérité prouvée par les faits, proclamée par l'histoire, et confirmée chaque jour par l'expérience.

FIN.

ERRATA.

Page 12 ligne 5. Retranchez mais.
Page 38 ligne 5. Une virgule après mesure, et ligne 8 un point après usuraire.
Page 41 ligne 30. Une virgule après individus, et deux points, ligne 32, après guerre.
Page 95 ligne 20. Port : lisez : part.
Page 170. ligne 12. Ces : lisez : les.

Note de la page 28.

ÉDIT SUR LES POSTES.

Le seigneur et Roy (Louis XI) ayant mis en délibération avec les seigneurs de son conseil, qu'il est moult nécessaire et important à ses affaires et à son estat de sçavoir diligemment nouvelles de tous costez, et y faire, quand bon luy semblera, sçavoir des siennes ; d'instituer et d'establir en toutes les villes, bourgs, bourgades, et lieux que besoin sera jugé plus commodes, un nombre de chevaux courants de traitte en traitte, par le moyen desquels ses commandements puissent estre promtement exécutez, et qu'il puisse avoir nouvelles de ses voisins quand il voudra, veut et ordonne ce qui en suit.

Que sa volonté et plaisir est que dèz à présent et doresnavant, il soit mis et establi spécialement sur les grands chemins de son dit royaume, de quatre en quatre lieues, personnes séables, et qui feront serment de bien et loyaument servir le Roy, pour tenir et entretenir quatre ou cinq chevaux de légère taille, bien enharnachez et propres à courir le galop durant le chemin de leur traitte, lequel nombre se pourra augmenter, s'il est besoin.

Le Roy nostre seigneur veut et ordonne qu'il y ait en la dite institution et establissement et générale observation, et pour en faire l'establissement un office intitulé *conseiller grand-maistre des courcurs de France* ; qui se tiendra près de sa personne, après qu'il aura esté faire le dit establissement, pour ce faire luy sera baillé bonne commission.

Et les autres personnes qui seront ainsi par luy establies de traitte en traitte, seront appelées *maistres*, tenant les chevaux courans pour le service du Roy.

Les dits maistres seront tenus, et leur est enjoint de monter sans aucun délay ni retardement, et conduire en personne, s'il leur est commandé, tous et chacuns les courriers et personnes envoyées de la part du dit seigneur ayant son passeport et attache du *grand-maistre des coureurs de France*, en payant le prix raisonnable, qui sera dit ci-après.

Porteront aussi lesdits maistres coureurs toutes despêches et lettres de sa majesté qui leur seront envoyées de sa part et des gouverneurs et lieutenans de ses provinces et autres officiers, pourveu qu'il y ait certificat ou passeport dudit *grand-maistre des coureurs de France*, pour les choses qui partiront de la cour et hors d'icelle, des dits gouverneurs, lieutenans et officiers, que c'est pour le service du Roy, lequel certificat sera attaché au dit paquet, et envoyé avec un mandement du commis du dit *grand-maistre des coureurs de France*, qui sera par luy establi en chacune ville frontière de ce royaume, et autres ! unes villes de passage que besoin sera ; le dit mandement addressant audit *maistre des coureurs*, pour porter sans retardement lesdits paquets, ou monter ceux qui seront envoyés pour les affaires du Roy.

Et afin qu'on puisse savoir s'il y aura eu retardement, et d'où il sera procédé, le dit seigneur veut et ordonne que le dit *grand-maistre des coureurs*, et ses dits commis cottent le jour et l'heure qu'ils auront délivré lesdits paquets au premier *maistre-coureur*, et le premier au second, et aussi semblablement pour tous les autres *maistres-coureurs* à peine d'estre privez de leurs charges, et des gages, priviléges et exemptions qui leur seront donnés par la présente institution.

Ausquels *maistres coureurs* est prohibé et deffendu de bailler aucuns chevaux à qui que ce soit, et de quelque qualité qu'il puisse estre sans le mandement du Roy et du dit *grand-maistre des coureurs de France*, à peine de la vie. D'autant que le dit seigneur ne veut et n'entend que la commodité du dit establissement ne soit pour autre que pour son service, considéré les inconvéniens qui peuvent survenir à ses affaires, si les dits chevaux servent à toutes personnes indifféremment sans son sçeu, ou du dit *grand-maistre des coureurs de France*.

Et afin que nostre très-saint père le pape et princes estrangers, avec lesquels sa majesté a amitié et alliance, par le moyen desquels le passage de France est libre à leurs courriers et messagers, n'ayent sujet de se plaindre du présent réglement, sa majesté entend leur conserver la liberté du passage, suivant et ainsi qu'il est porté par ses ordonnances, leur permettant si bon leur semble, d'user de la liberté du dit establissement, en payant raisonnablement et obéissant aux ordonnances contenuës.

Mais pour éviter les fraudes que pourraient commettre les courriers et messagers allants et venants en ce royaume, lesquels pour ne se vouloir manifester aux bureaux du dit grand-maistre des coureurs de France, et à ses commis qui y résideront en chacune ville frontière, et autres de ce royaume, passeraient par chemins obliques et destournez pour oster la connaissance de leur voyage et entrée en ce dit royaume prenant pour ce faire autres chevaux et guides.

Sa majesté veut et leur enjoint de passer par les grands chemins et villes frontières pour se manifester aux bureaux dudit *grand-maistre des coureurs*, et prendre passeport et mandement tel que sera dit, à peine de confiscation de corps et de bieus.

Et d'autant que la charge du dit *grand-maistre des coureurs de France*, est moult d'importance, et requiert avoir fidélité, soigneuse discrétion et sçavoir ; et qu'au moyen du dit office et de sa dite charge les articles de l'institution et establissements dessus dit, doivent estre gardez, entretenues, et observez et estant iceluy establissement moult utile au service et à l'intention du Roy, il y requiert y avoir bien notables personnes pour le tenir.

Veut et ordonne que celui qui sera pourveu de la dite charge, soit compris de ses conseillers et autres officiers ordinaires, compté en enrollé en l'estat de son hostel, tout ainsi que l'un de ses conseillers et maistres d'hostel ordinaires.

Veut et ordonne que le dit *grand-maistre des coureurs de France*, ait l'entière disposition de mettre et establir par-tout où besoin

sera les dits maistres coureurs, les déposséder si leur'pouvoir ne
font, et pourvoir en leur place tel que bon luy semblera;mesme
advenant vacation par mort, résignation ou autrement de leurs
charges, luy a donné pouvoir d'y pourvoir et instituer d'autres en
leur place, et en délivrer *lettres*, les faisant faire serment de fidélité,
et leur en donner acte sur les dites *lettres*.

Veut et ordonne que le dit conseiller *grand-maistre des coureurs de
France* pour l'entretenement de son estat, après avoir fait serment
au Roy ès mains de son chancelier, de bien loyaument servir, ait
pour gages ordinaires la somme de huit cents livres parisis, lesquels
seront pris sur les plus clairs deniers et revenus du dit seigneur,
outre et par dessus les droits et émolumens ordinaires qu'il prendra
comme officier de l'hostel et maison du dit seigneur, qui par autres
ses lettres lui seront ordonnez et payez.

Et en outre il aura pension de mille livres par autres lettres du
dit seigneur pour son dit office, qui luy sera assigné et donné
chacune année.

Veut et ordonne que tous maistres coureurs qui seront par le dit
grand-maistre establis, ayent aussi pour leur entretenement en leurs
estats, pour gages ordinaires, chacun cinquante livres tournois, et
chacun des commis qu'il aura près de sa personne et autres lieux que
besoin sera; chacun cent livres pour leur entretenement, et veut que les
uns et les autres pendant qu'ils serviront, jouissent des mesmes exem-
tions et privilèges que les officiers et commensaux de sa maison.

Et, à ce que les maistres ayant moyen d'entretenir et nourrir leurs
personnes et leurs chevaux, et qu'ils puissent servir commodement
le Roy.

Il veut et ordonne que tous ceux qui seront envoyés de sa part,
ou autrement, avec son passeport et attache du *grand-maistre des
coureurs de France* ou de ses commis, payent pour chacun cheval
qu'ils auront besoin de mener, y compris celui de la guide qui les
conduira, la somme de dix sols, pour chacune course de cheval,
durant quatre lieues, fors et excepté ledit *grand-maistre des coureurs*,
qu'ils seront tenus de monter sans rien prendre de luy ni de ses gens,
qu'il menera pour son service, allant faire ses chevauchées et son
establissement et pour les affaires de Sa Majesté; ensemble ne pren-
dront rien de ses commis qui voudront courir pour les affaires pressées
du Roy, au moins trois ou quatrefois l'an.

Et quant aux paquets envoyés par le dit seigneur, ou qui lui
seront adressez, les dits *maistres-coureurs* seront tenus de les porter
en personne, sans aucun délay, de l'un à l'autre, avec la cotte
ci-mentionnée, sans en prétendre aucun payement; ainsise con-
tenteront des droits et gages qui leur seront attribuez.

Veut et ordonne les susdits articles et institution dudit grand
office de *conseiller grand-maistre des coureurs de France*, et autres
choses des susdites, soient à toujours observez et gardez sans
enfreindre.

Fait et donné à Luxies, près de Doulens, le dix-neufvième jour
de juin mil quatre cent soixante et quatre.

Signé, LOUIS.

Par le Roy, en son conseil de la Loërre.

Plus bas :

CHEVETEAU.

TABLE
DES PRINCIPALES MATIÈRES.

www.ingramcontent.com/pod-product-compliance
Lightning Source LLC
Chambersburg PA
CBHW072017080426
42733CB00010B/1734